生地を冷凍しておけるタルト

生地を保存できて 食べたいときに焼ける かんたん&おいしい45レシピ

西山朗子

はじめに

パリに住んでいた友人が「フランスだと市販のタルト生地がどこのお店にもあるのに、日本にはパイ生地しかないのね。あれがあったらすぐにタルトが焼けるのに」と言っていたのを聞いたことがあります。

確かに日本では、市販の冷凍パイシートはよくあるけれど、冷凍タルトの生地はほとんど見かけません。タルト生地はパイ生地にくらべたらかんたんなので、わざわざ冷凍の市販品を作らないのでしょうか。でも、友人が言うように、もし冷凍してあるタルト生地があったら、誰もが食べたいときにすぐにタルトが焼けます。

フランス生まれのタルトは、土台となるタルト生地にクリームを広げ、トッピングして焼くだけのお菓子です。一度に全部作るのは時間がかかりますが、タルト生地さえできていれば、あとは焼くだけです。タルト生地が自宅の冷凍室にあれば、どんなに楽でしょう。

煮たりんごがいっぱい入っていて、上にりんごの薄切りものっているタルト。
目が覚めるような甘酸っぱいとろとろのクリームを詰めたレモンのタルト。
アプリコットやプラム類をたくさんのせて焼いたフルーツのタルト。
思い立ったら、どれもすぐに作れます。

タルト生地は本場フランスでは、作り方や材料によって「パータ・シュクレ」「パータ・サブレ」「パータ・ブリゼ」と呼び名を変えて使い分けています。
それぞれの生地は、さくさくしていたり、ほろほろしていたり、パイ生地のようにパリパリしていたり、食感も少しずつ違います。
この本でも、食感の違う3タイプの作り方をご紹介しています。そして冷凍する段階までできたら、その日の予定や気分によって、そのまま作るか冷凍保存するか、選べる構成になっています。
クリームやトッピングは、それぞれのタルト生地に一番合うと思ったものを選びました。
どの生地もおいしくて、どう組み合わせるか迷いましたが、それも楽しい時間でした。みなさんも、いろいろと試してお気に入りのタルトを作ってくださいね。

さぁ、冷凍室からタルト生地を取り出してクリームを詰めたら、あとはオーブンに入れるだけ。
焼きたてのタルトを囲んで、笑顔いっぱいのおいしい時間を過ごしてもらえたら、とてもうれしいです。

西山朗子

Table des Matières

2　はじめに
6　この本の特徴
8　基本の材料
9　基本の道具

〈 本書の決まり 〉
・小さじ1＝5㎖、大さじ1＝15㎖です。
・電子レンジは600Wのものを使用しています。
・オーブンは機種により焼きあがりに差があるので、様子を見ながら調整してください。
・タルトに添えている飾り用の食材はレシピ内に含まれません。

Chapitre 1
さくさくタルト

基本のさくさく生地

12　いちごのタルト
16　タルト・オ・シトロン
17　トロピカルフルーツとココナッツのタルト
20　ブルーベリーとマスカルポーネのタルト
22　フレッシュフルーツ・タルト
24　タルト・オ・ショコラ
25　キャラメルナッツ・タルト
28　アマンディーヌ
30　タルト・オ・ブラウニー
32　クラフティ
33　レアチーズ・タルト
36　ドフィノア
38　タルト・モンブラン

さくさく生地を使って

40　ドライフルーツのスマイルクッキー
42　ジンジャークッキー

Chapitre 2
ほろほろタルト

基本のほろほろ生地

46　洋梨のタルト

50　アプリコットのタルト

52　グレープフルーツのタルト

53　アメリカンチェリーとピスタチオのタルト

56　キャラメルバナナ・タルト

58　松の実のタルト

60　りんごのタルト

62　アールグレイ風味のドライフルーツタルト

63　赤いジャムのヘーゼルナッツタルト

66　タルト・オ・マロン

68　スライスオレンジ・タルト

70　ベリーベリークランブル

72　デリシャスチョコレートタルト

ほろほろ生地を使って

74　リュネット

76　シトロンウィッチ

Chapitre 3
パリパリタルト

基本のパリパリ生地

80　タルト・オ・ポム

84　サワーピーチ・タルト

85　焼きレモンタルト

88　フラン

90　パンプキン・タルト

92　ミルリトン

94　プラムのタルト

95　タルト・タタン

98　ラムレーズンのベイクドチーズタルト

100　キッシュ・ロレーヌ

102　アボカドとサーモンのキッシュ

104　プロヴァンス風キッシュ

105　グリーン野菜のキッシュ

パリパリ生地を使って

108　パルミジャーノとごまのクラッカー

110　シナモンシュガークッキー

この本の特徴
Caractéristiques

生地を冷凍するから
かんたん&おいしい

タルト生地は一般的に、型に敷き込むまでに2回、冷蔵庫で休ませます。この本では、2回目に生地を休ませるついでに、型に敷いたまま冷凍しておくことを提案しています。あとは焼きたいときに取り出して、好みのクリームを広げ、トッピングをするだけ。焼きたてのおいしいタルトを楽しめます。生地は時間があるときに作っておけるので、タルト型が2〜3個あると、まとめて作れてさらに便利です。

基本の生地をアレンジして
キッシュとクッキーも
作れます

タルト生地は、さくさく、ほろほろ、パリパリの3タイプがあります。それぞれの生地の違いは、砂糖と水分の量。それによって基本の作り方が異なるので、ポイントをしっかり押さえておきましょう。基本の生地ができれば、タルトだけでなくキッシュやクッキーも作れます。すべて冷凍しておけるので、食べたいときにササッと仕上げて、焼きたてのおいしさを楽しんでください。

3つの生地と食感を
楽しめます

さくさく生地

砂糖30g、水分10gと3タイプの中で砂糖が一番多く、水分が少ない甘めの生地です。バターは室温に戻し、材料を加えてよく混ぜるので、生地に空気が含まれます。それによって、さくさくと軽快な食感に仕上がります。

ほろほろ生地

冷えたバターを粉類の中で細かく刻むため、バターが溶けないうちに、とにかく素早く作るのがポイントです。砂糖20g、水分20gは3タイプで中間の分量。バターは焼くと生地になじむため、空気を含まず、ほろっとした焼きあがりになります。

パリパリ生地

ほろほろ生地と同様に冷えたバターを刻むため、生地作りはスピードが勝負。砂糖は3gともっとも少なく、水分は30gともっとも多いのが特徴。水分とバターの脂肪分がなじみにくいため、生地が層になってパリパリの食感を生み出します。

基本の材料
Ingrédients

a 塩
全体に混ざりやすいよう、粒子の細かいものがおすすめです。

b 薄力粉
小麦粉の中でも、コシや粘りのもととなるグルテンが少なめ。湿気やにおいを吸収しやすいため、密封保存して早めに使い切ります。

c グラニュー糖
お菓子作りで一般的な、扱いやすい砂糖。純度が高く、上品な甘さが特徴で、卵の泡立ちを安定させたり、焼き色をつける働きもあります。

d 粉砂糖
グラニュー糖を粉末状にし、固まらないようコーンスターチを混ぜたもの。デコレーションにも使います。

e 卵
卵によって大きさや分量が異なりますが、1個50〜55gを目安にしています。ただし、この本では使用する量をg表記で示しています。

f アーモンドパウダー
アーモンドを粉末状にしたもの。コーンスターチなどで増量したものもありますが、アーモンド100％の純粋なものを使用しましょう。

g バター(無塩)
牛乳を原料に、乳脂肪分を80〜85％くらいまで高めて作られます。無塩のものと有塩のものがあり、お菓子作りでは一般的に無塩のものを使います。

基本の道具
Batterie

a **ケーキクーラー**
焼きあがったタルトを冷ますために使用。

b **ゴムべら**
柄とへらが一体型の、高温に強いシリコン製がおすすめ。小サイズもあると便利。

c **ハケ**
焼きあがったタルトの表面に、ナパージュなどを塗るときに使用。

d **パレットナイフ**
焼きあがったタルトを持ち上げたり、表面にクリームを塗るときに重宝します。

e **ざる**
粉をふるうときに使用。持ち手付きが便利です。

f **はかり**
1g単位のデジタル式が便利。お菓子作りの材料はすべて量って準備します。

g **タルト型**（直径18cm）
この本で使用する基本のタルト型。底が抜けるタイプがおすすめ。

h **タルトレット型**
サイズは好みですが、直径6～7cmくらいが使いやすくて便利。この本では直径7cmの型を使用しています。

i **バット**
ホーロー製で焼き型として使用。左が20.5×16×高さ3cm、右が20.8×14.5×高さ4.4cm。

j **ボウル**
生地作りにはステンレス製で、厚手で深さがあるものが最適です。

k **泡立て器**
柄の部分が握りやすく、しっかりしていて動かしやすいものを選びます。

l **カード**
バターを切り混ぜたり、生地をまとめるのに必要です。

m **重石**
タルト生地を空焼きするときに、オーブンシートを敷いた上にのせて使用します。

Chapitre 1
さくさく
タルト

生地をよく混ぜて作るため、空気を含んでさくさくの歯ごたえになります。砂糖が多めで生地が焦げやすいため、空焼きしたあとクリームやフルーツを飾り付けるフレッシュタイプのタルト向き。この生地のクッキーは、切ったり、型で抜くだけのシンプルなほうがさくさく感が際立ちます。

いちごのタルト (作り方 P.12)

基本のさくさく生地
いちごのタルト
Tarte aux fraises

おいしそうないちごを見つけると、すぐに作りたくなるのがいちごのタルト。私はいちごを輪切りにするのが好きなのですが、どんなふうに飾っても「かわいい！」と歓声を上げてもらえるのが、いちごのお菓子作りのうれしいところです。

▶ 材料〔直径18cmのタルト型1台分〕

［タルト生地］

バター — 45g
粉砂糖 — 30g
卵 — 10g
薄力粉 — 85g
アーモンドパウダー — 10g
塩 — ひとつまみ

［アーモンドクリーム］

バター — 40g
グラニュー糖 — 40g
アーモンドパウダー — 40g
卵 — 40g

［トッピング］

いちごジャム — 適量
いちご — 適量

▶ 下準備
・卵は室温に戻し、ときほぐす。
・バターは室温に戻す。

▶ 作り方
◎タルト生地を作る

❶ ボウルにバターを入れ、泡立て器をグーの手で持ってクリーム状に練る。粉砂糖を加えて混ぜ合わせる。

❷ 卵を加えて混ぜ合わせる。

❸ 薄力粉、アーモンドパウダー、塩を加え、ゴムべらで生地を切るようにさっくり混ぜる。

❹ 生地を手で丸くまとめ、ラップに包んで冷蔵室で3時間以上休ませる。

❺ 台の上に❹の生地をのせ、ラップではさむ。最初は生地が割れないように注意しながらめん棒でトントンと上から軽くたたく。次に生地を90°回転させてトントンと上から軽くたたく。これを2〜3回繰り返す。

point ラップで生地をはさむことで、打ち粉が不要に。

さくさく生地 13

❻ 生地がやや広がったら、90°回転させながら、めん棒を転がして円形にのばしていく。

point ときどき上にかぶせたラップをはがし、ラップが生地に食い込んではがれなくなるのを防ぐ。

❽ 型の底の角に合わせながら生地を中心に向かって折り曲げ、側面に沿うように立てる。それを1周繰り返し、型に合わせて生地を敷き込む。

❿

❾にラップをかぶせて型の角を指でなぞるようにぴったり全体を覆い、ジッパー付き保存袋に入れて冷凍保存する。

point すぐ焼きたい場合でも、生地を冷凍室で休ませる。そのまま約1か月は保存可。

❼

❾

タルト型より3cmくらい大きな円になったら、上のラップがはがれるのを確認して元に戻す。生地を裏返してラップをはずし、生地の端をめん棒にのせ、もう片方のラップをはずしてから型の真ん中にのせる。

型からはみ出した生地はナイフで切り落とし、敷き込んだ生地の薄いところに貼って指でなじませる。底の生地の表面にフォークを使って均一に空気穴を開ける。

point 最初に生地の真ん中から1列に開け、次の列はフォークの先を斜めにして開けていく。同じ方向に穴を開けると亀裂が入ることがあるので注意する。

次ページへつづく→

> 基本のさくさく生地

いちごのタルト
Tarte aux fraises

◎アーモンドクリームを作る

⑪ ボウルにバターを入れて泡立て器でクリーム状に練る。

⑪にグラニュー糖を入れてすり混ぜ、アーモンドパウダー、卵の順に加えて混ぜ合わせる。

◎焼く

⑬ 冷凍しておいたタルト生地にアーモンドクリームを広げ、180℃に温めたオーブンで35〜40分焼く。

〈型のはずし方〉

生地が完全に冷めたら、ジャム瓶など高さのある容器の上にのせ、型を下げてはずす。

〈空焼きする場合〉

タルト・オ・シトロン(p16)やブルーベリーとマスカルポーネのタルト(p20)などの場合は、生地だけの状態で空焼きしたタルト台を使います。

生地の大きさよりやや大きめの円形に切ったオーブンシートを三角形に折り、外側から切り込みを入れる。広げて生地の上に敷く。

重石をまんべんなく敷き詰める。

◎仕上げる

タルト生地が冷めたら、ハケでいちごジャムを薄く塗る。

タルトの縁に沿っていちごを並べ、真ん中にいちごをたっぷり飾る。

point いちごの切り方はお好みで。切らずにそのまま飾ってもOK。

タルト・オ・シトロン(作り方P.18)

さくさく生地　17

トロピカルフルーツとココナッツのタルト（作り方P.19）

タルト・オ・シトロン
Tarte au citron

お菓子教室の名前にもしているくらいレモンが好きで、初めてパリで食べたときに「フランスにはこんなに甘くて酸っぱいお菓子があるんだ」と大感激。レモンクリームは繰り返し作ってやっと完成させた、私の自信作です。

▶ 材料〔直径18cmのタルト型1台分〕

[タルト生地]
バター — 45g
粉砂糖 — 30g
卵 — 10g
薄力粉 — 85g
アーモンドパウダー — 10g
塩 — ひとつまみ

[レモンクリーム]
A 卵 — 2個
  卵黄 — 2個分
  グラニュー糖 — 100g
B レモン果汁 — 90g
  レモンの皮のすりおろし — 1個分
  バター — 60g
  グラニュー糖 — 50g

▶ 下準備
・卵は室温に戻し、ときほぐす。
・バターは室温に戻す。

▶ 作り方

◎タルト生地を作る

1 基本のさくさく生地(P12〜13)の❶から❿を参照し生地を作り、冷凍保存する。

2 生地を冷凍室から出してラップをはずす。生地の上に型に合わせて切ったオーブンシートを敷いて、重石をのせる(P14参照)。

3 2を180℃に温めたオーブンで15分焼く。オーブンシートごと重石をはずして170℃に下げ、10〜15分焼く(空焼き)。焼き色がついていない場合は、様子を見ながらさらに数分焼く。

◎レモンクリームを作る

4 ボウルにAを入れ、泡立て器でもったりするまでよく混ぜ合わせる。

5 鍋にBを入れて中火にかける。

6 5が沸騰したら4のボウルに加えて混ぜ合わせ、再び鍋に戻し、絶えずかき混ぜながら中火にかけ、つやが出てとろみがつくまで煮詰める。

point とろみがつく前に火からおろすと冷やしても固まらない。また、煮詰めすぎると大きなダマになるので、煮詰め加減に注意する。

◎仕上げる

7 冷ましたタルト生地にレモンクリームを流し入れ、スパチュラで表面をきれいにならし、冷蔵室で2時間以上冷やし固める。

トロピカルフルーツと
ココナッツのタルト

Tarte aux fruits tropicaux et à la noix de coco

シンガポールにいたとき、毎朝食べていたパイナップルとマンゴー。やはり常夏の国のトロピカルフルーツのおいしさは格別です。相性抜群のココナッツを、クリームにもトッピングにも使って仕上げました。

▶ 材料〔直径18cmのタルト型1台分〕

[タルト生地]
バター — 45g
粉砂糖 — 30g
卵 — 10g
薄力粉 — 85g
アーモンドパウダー — 10g
塩 — ひとつまみ

[ココナッツクリーム]
バター — 15g
グラニュー糖 — 20g
卵 — 40g
アーモンドパウダー — 40g
ココナッツファイン — 20g
ココナッツミルク — 30g

[アプリコットナパージュ]
アプリコットジャム — 50g
水 — 小さじ2

[トッピング]
マンゴー — 80g
パイナップル — 80g
　（合わせて150〜160g）

▶ 下準備
・卵は室温に戻し、ときほぐす。
・バターは室温に戻す。

▶ 作り方

◎タルト生地を作る

1　基本のさくさく生地（P12〜13）の❶から❿を参照し生地を作り、冷凍保存する。

◎ココナッツクリームを作る

2　ボウルにバターを入れ、泡立て器でクリーム状に練る。

3　2にグラニュー糖、卵、アーモンドパウダー、ココナッツファインの順に加え、混ぜ合わせる。さらにココナッツミルクを加え、よく混ぜ合わせる。

◎アプリコットナパージュを作る

4　鍋にアプリコットジャムと水を入れて弱火にかけ、ゴムべらで混ぜながらゆるくのばす。

◎仕上げる

5　冷凍しておいたタルト生地にココナッツクリームを広げ、食べやすく切ったマンゴーとパイナップルを並べる。

6　180℃に温めたオーブンで35〜40分焼き、熱いうちにタルトの表面にアプリコットナパージュをハケで塗る。

さくさく生地 21

ブルーベリーと
マスカルポーネのタルト
Tarte aux myrtilles et au mascarpone

そのまま食べてもおいしいマスカルポーネクリームにホイップクリームを合わせて、さらに濃厚なクリームを作りました。タルト生地のさくさくした食感となめらかなクリーム、ぎっしり並んだブルーベリーがトリプルでおいしさを引き立てます。

▶ 材料［20.5×16×高さ3cmのバット1台分］

［タルト生地］
バター — 45g
粉砂糖 — 30g
卵 — 10g
薄力粉 — 85g
アーモンドパウダー — 10g
塩 — ひとつまみ

［マスカルポーネクリーム］
生クリーム — 100g
グラニュー糖 — 20g
マスカルポーネ — 100g

［トッピング］
ブルーベリー — 100g

▶ 下準備
• 卵は室温に戻し、ときほぐす。
• バターは室温に戻す。

▶ 作り方
◎タルト生地を作る

1　基本のさくさく生地（P12～13）の❶から❿を参照し生地を作り、冷凍保存する。ただし、❻❼で生地をバットよりひとまわり大きい長方形にのばす。

2　生地を冷凍室から出してラップをはずす。生地の上に型に合わせて切ったオーブンシートを敷いて、重石をのせる。

3　2を180℃に温めたオーブンで15分焼く。オーブンシートごと重石をはずして170℃に下げ、10～15分焼く（空焼き）。焼き色がついていない場合は、様子を見ながらさらに数分焼く。

◎マスカルポーネクリームを作る

4　ボウルに生クリームとグラニュー糖を入れ、泡立て器でゆるめに泡立てる。

5　マスカルポーネを加え、ゴムべらでさっくりと混ぜ合わせる。

point　泡立て器で混ぜると、生クリームとマスカルポーネが分離するので注意する。

◎仕上げる

6　冷ましたタルト生地にマスカルポーネクリームを入れ、冷蔵室で1時間以上冷やす。仕上げにブルーベリーを飾る。

フレッシュフルーツ・タルト
Tarte aux fruits frais

カスタードクリームとフルーツの組み合わせは、誰もが好きなタルトの女王様。フランス語で"パティシエのクリーム"という意味のカスタードクリームは、とろみがついてからさらに煮詰めると、サラッとしておいしくなるのです。

▶ 材料〔直径18cmのタルト型1台分〕

[タルト生地]
- バター — 45g
- 粉砂糖 — 30g
- 卵 — 10g
- 薄力粉 — 85g
- アーモンドパウダー — 10g
- 塩 — ひとつまみ

[アーモンドクリーム]
- バター — 40g
- グラニュー糖 — 40g
- アーモンドパウダー — 40g
- 卵 — 40g

[カスタードクリーム]
- 牛乳 — 160g
- バニラビーンズ — 1/2本分
- 卵黄 — 2個分
- グラニュー糖 — 40g
- コーンスターチ — 10g

[トッピング]
- お好みのフレッシュフルーツ — 適量

▶ 下準備
- 卵は室温に戻し、ときほぐす。
- バターは室温に戻す。

▶ 作り方

◎タルト生地を作る

1 基本のさくさく生地（P12〜13）の❶から❿を参照し生地を作り、冷凍保存する。

◎アーモンドクリームを作る

2 ボウルにバターを入れて泡立て器でクリーム状に練る。

3 2にグラニュー糖を入れてすり混ぜ、アーモンドパウダー、卵の順に加えて混ぜ合わせる。

◎カスタードクリームを作る

4 鍋に牛乳、バニラビーンズの種とさやを入れて火にかけ、ふつふつと沸いてきたら火からおろす。

5 ボウルに卵黄とグラニュー糖を入れて泡立て器ですり混ぜ、コーンスターチも加えて混ぜる。

6 5に4を注ぎ入れて混ぜ合わせ、網でこしながら4の鍋に戻す[a]。

7 6を泡立て器で混ぜながら中火にかける。大きなダマができてきたらいったん火からおろし、ゴムべらで鍋底の隅までしっかりと混ぜる。再び中火にかけて絶えず混ぜる。表面がブクブクと泡立ってからさらにつやが出て、スーッと軽くなるまで2分くらい煮詰める[b]。

8 7をバットなどに入れてラップをぴったりかぶせ、底を氷水に当てて急冷する。冷蔵室に入れてさらに冷やす。

point 約3日間冷蔵保存できる。

◎仕上げる

9 冷凍しておいたタルト生地にアーモンドクリームを広げ、180℃に温めたオーブンで35〜40分焼く。

10 8のカスタードクリームをボウルに入れて泡立て器でなめらかに練り直し、冷ましたタルトの上に塗る。仕上げにフルーツを飾る。

a  b

タルト・オ・ショコラ (作り方P.26)

さくさく生地 25

キャラメルナッツ・タルト (作り方 P.27)

タルト・オ・ショコラ
Tarte au chocolat

フランス人はとにかくチョコレートが大好き！ ガトー・オ・ショコラもタルト・オ・ショコラも「うちのレシピ」が家庭の数だけありそうなほど。どこも生チョコのような仕上がりを目指していて、このタルト・オ・ショコラもそのひとつです。

▶ 材料〔直径18cmのタルト型1台分〕

［タルト生地］
バター ― 45g
粉砂糖 ― 30g
卵 ― 10g
薄力粉 ― 85g
アーモンドパウダー ― 10g
塩 ― ひとつまみ

［チョコレートクリーム］
ビターチョコレート ― 120g
生クリーム ― 140g
卵 ― 35g

［トッピング］
ココアパウダー ― 適量
ラズベリー ― 適量

▶ 下準備
・卵は室温に戻し、ときほぐす。
・バターは室温に戻す。

▶ 作り方

◎タルト生地を作る

1　基本のさくさく生地（P12〜13）の❶から❿を参照し生地を作り、冷凍保存する。

2　生地を冷凍室から出してラップをはずす。生地の上に型に合わせて切ったオーブンシートを敷いて、重石をのせる（P14参照）。

3　2を180℃に温めたオーブンで15分焼く。オーブンシートごと重石をはずして170℃に下げ、10〜15分焼く（空焼き）。焼き色がついていない場合は、様子を見ながらさらに数分焼く。

◎チョコレートクリームを作る

4　ボウルに細かく刻んだチョコレートを入れる。

5　鍋に生クリームを入れて中火にかけ、沸騰したら4に注ぐ。しばらくそのままおき、チョコレートが少し溶けてきたら泡立て器をグーの手で持ち、中央から静かに混ぜてきれいに溶かす［a］。

6　溶きほぐした卵を5に加え、混ぜ合わせる。

◎仕上げる

7　冷ましたタルト生地の中にチョコレートクリームを流し入れ、スパチュラで表面をきれいにならし、160℃に温めたオーブンで15分焼く。

8　7の粗熱が取れたら冷蔵室で2時間以上冷やし、仕上げにココアパウダーをふりかけ、ラズベリーを飾る。

a

キャラメルナッツ・タルト
Tarte aux noix au caramel

かつてブルターニュ地方のお菓子屋さんで驚いたのは、大人が真剣にキャラメルを選んでいる光景でした。私も一粒食べてみたら、甘さとほろ苦さがバランスよく、塩がきいていることにびっくり！このキャラメルソースもそんなバランスに仕上げました。

▶ 材料〔直径18cmのタルト型1台分〕

［タルト生地］
バター ― 45g
粉砂糖 ― 30g
卵 ― 10g
薄力粉 ― 85g
アーモンドパウダー ― 10g
塩 ― ひとつまみ

［アーモンドクリーム］
バター ― 40g
グラニュー糖 ― 40g
アーモンドパウダー ― 40g
卵 ― 40g

［キャラメルソース］
グラニュー糖 ― 60g
水 ― 10g
生クリーム ― 80g
バター ― 40g
塩 ― ひとつまみ

［トッピング］
ヘーゼルナッツ ― 60g
アーモンド ― 40g
　（合わせて100g）

▶ 下準備
・卵は室温に戻し、ときほぐす。
・バターは室温に戻す。

▶ 作り方
◎タルト生地を作る
1　基本のさくさく生地（P12～13）の❶から❿を参照し生地を作り、冷凍保存する。

◎アーモンドクリームを作る
2　ボウルにバターを入れて泡立て器でクリーム状に練る。
3　2にグラニュー糖を入れてすり混ぜ、アーモンドパウダー、卵の順に加えて混ぜ合わせる。

◎キャラメルソースを作る
4　鍋にグラニュー糖と水を入れて中火にかける。グラニュー糖が溶けて薄茶色に色づいたら、生クリームとバターを加え、弱火にしてかき混ぜる。塩を加えて混ぜる。
point 色が薄すぎると甘いだけでコクがなく、プリンのカラメルぐらい濃い色だと苦くなる。焦がし具合は何度も作って好みの濃さを見つけよう。

◎キャラメルナッツを作る
5　4に、ローストしたヘーゼルナッツとアーモンドを二等分にカットして加え、混ぜ合わせる。

◎仕上げる
6　冷凍しておいたタルト生地にアーモンドクリームを広げ、180℃に温めたオーブンで35～40分焼く。
7　焼きあがったタルトの上に、キャラメルナッツをスプーンですくってのせる。

さくさく生地 29

アマンディーヌ
Amandine

フランス語でアーモンドのことを
"アマンド"と言います。その名
の通り、アーモンドクリームを詰
めてアーモンドスライスを散らし
たアーモンド尽くしのタルトレッ
ト。仕上げに塗る、たっぷりのア
プリコットジャムのおいしさを感
じるお菓子です。

▶ 材料〔直径7cmのタルトレット型10個分〕

［タルト生地］

バター — 45g

粉砂糖 — 30g

卵 — 10g

薄力粉 — 85g

アーモンドパウダー — 10g

塩 — ひとつまみ

［アーモンドクリーム］

バター — 40g

グラニュー糖 — 40g

アーモンドパウダー — 40g

卵 — 40g

［アプリコットナパージュ］

アプリコットジャム — 50g

水 — 小さじ2

［トッピング］

ドライプルーン（種なし）— 10個

アーモンドスライス — 30g

▶ 下準備

• 卵は室温に戻し、ときほぐす。

• バターは室温に戻す。

▶ 作り方

◎タルト生地を作る

1　基本のさくさく生地（P12）の❶から❹を参照し生地を作る。

2　1の生地を10等分にして手で丸める。

3　2の生地をラップではさみ、めん棒を転がして型よりやや大きめ
の丸形にのばす。

4　3のラップをはずして生地を型の真ん中にのせ、型に貼り付ける
ように敷き込む。これを10個分作る。

5　4をジッパー付き保存袋に入れて冷凍保存する。

◎アーモンドクリームを作る

6　ボウルにバターを入れて泡立て器でクリーム状に練る。

7　6にグラニュー糖を入れてすり混ぜ、アーモンドパウダー、卵の順
に加えて混ぜ合わせる。

◎アプリコットナパージュを作る

8　鍋にアプリコットジャムと水を入れて弱火にかけ、ゴムべらで混
ぜながらゆるくのばす。

◎仕上げる

9　冷凍しておいたタルト生地にプルーンを平らにつぶしてのせ、そ
の上にアーモンドクリームを広げる。

10　表面にアーモンドスライスを散らし、180℃に温めたオーブンで
30分焼く。

11　冷めたら、タルトの表面にアプリコットナパージュをハケで塗る。

さくさく生地 31

タルト・オ・ブラウニー
Tarte au Brownie

ブラウニーは元々アメリカ生まれのお菓子ですが、チョコレート好きなフランス人に受け入れられ、今ではすっかりフランス菓子のよう。大きくカットするのがポイントで、外はサクッ、中はしっとりが魅力です。

▶ 材料 〔20.5×16×高さ3cmのバット1台分〕

[タルト生地]

バター ― 45g

粉砂糖 ― 30g

卵 ― 10g

薄力粉 ― 85g

アーモンドパウダー ― 10g

塩 ― ひとつまみ

[ブラウニー]

ビターチョコレート ― 100g

バター ― 40g

グラニュー糖 ― 40g

牛乳 ― 40g

卵 ― 1個

薄力粉 ― 40g

くるみ ― 50g

オレンジピール ― 50g

▶ 下準備

・卵は室温に戻し、ときほぐす。

・バターは室温に戻す。

▶ 作り方

◎タルト生地を作る

1 基本のさくさく生地（P12〜13）の❶から❿を参照し生地を作り、冷凍保存する。ただし、❻❼で生地をバットよりひとまわり大きい長方形にのばす。

2 生地を冷凍室から出してラップをはずす。生地の上に型に合わせて切ったオーブンシートを敷いて、重石をのせる（P14参照）。

3 2を180℃に温めたオーブンで15分焼き、オーブンシートごと重石をはずす（空焼き）。

◎ブラウニーを作る

4 ボウルに細かく刻んだチョコレートとバターを入れ、湯せんにかけて溶かす。

5 4にグラニュー糖、牛乳、卵、ふるった薄力粉の順に加え、そのつど泡立て器で混ぜる。

6 5に粗みじんに切ったくるみとオレンジピールを加えて混ぜ合わせる。

◎仕上げる

7 冷ましたタルト生地にブラウニーを流し入れ、160℃に温めたオーブンで30分焼く。

クラフティ（作り方P.34）

さくさく生地　33

レアチーズ・タルト (作り方P.35)

クラフティ
Clafoutis

フランス・リムーザン地方のお菓子です。チェリーを使ったものだけを"クラフティ"と言い、ほかのフルーツを使うと"フロニャルド"と呼ぶそうです。さくらんぼの旬の時季には、フランスの家庭風に種を抜かずにそのまま入れて焼いてみましょう。

▶ 材料〔20.5×16×高さ3cmのバット1台分〕

[タルト生地]
バター — 45g
粉砂糖 — 30g
卵 — 10g
薄力粉 — 85g
アーモンドパウダー — 10g
塩 — ひとつまみ

[アパレイユ]
卵 — 2個
グラニュー糖 — 60g
薄力粉 — 30g
牛乳 — 100g
生クリーム — 80g
バター — 10g

[チェリー]
チェリーのシロップ煮 — 90g
　（種付きチェリーを使うときは150g）

▶ 下準備
・卵は室温に戻し、ときほぐす。
・バターは室温に戻す。
・バットの内側にバターを薄く塗り、底面にオーブンシートを敷く。

▶ 作り方

◎タルト生地を作る

1　基本のさくさく生地（P12〜13）の❶から❿を参照し生地を作り、冷凍保存する。

2　生地を冷凍室から出してラップをはずす。生地の上に型に合わせて切ったオーブンシートを敷いて、重石をのせる（P14参照）。

3　2を180℃に温めたオーブンで15分焼き、オーブンシートごと重石をはずす（空焼き）。

◎アパレイユを作る

4　ボウルに卵、グラニュー糖を入れて泡立て器で混ぜ合わせ、ふるった薄力粉を加え、なめらかな状態になるまでよく混ぜ合わせる。

5　鍋に牛乳、生クリーム、バターを入れて火にかけ、鍋の縁ギリギリに沸き上がるまで沸騰させる。

6　人肌に冷ました5を4のボウルに少しずつ加え、混ぜ合わせる。

◎仕上げる

7　冷ましたタルト生地にチェリーを敷き詰める。その上にアパレイユを流し入れ、170℃に温めたオーブンで30分焼く。

レアチーズ・タルト
Tarte au fromage sans cuisson

グラハムビスケットの土台で作ることが多いレアチーズケーキを、タルトに仕立ててみました。濃厚でなめらかなレアチーズクリームは、さくさくのタルト生地とも相性がよく、ちょっぴり大人のスイーツに！ レモン果汁を加えると、ぐんと爽やかになりました。

▶ 材料〔直径18cmのタルト型1台分〕

[タルト生地]
バター ― 45g
粉砂糖 ― 30g
卵 ― 10g
薄力粉 ― 85g
アーモンドパウダー ― 10g
塩 ― ひとつまみ

[レアチーズクリーム]
クリームチーズ ― 120g
グラニュー糖 ― 40g
ヨーグルト ― 80g
生クリーム ― 50g
板ゼラチン ― 3g
レモン果汁 ― 小さじ2

▶ 下準備
- 卵は室温に戻し、ときほぐす。
- バターは室温に戻す。

▶ 作り方

◎タルト生地を作る

1　基本のさくさく生地（P12〜13）の❶から❿を参照し生地を作り、冷凍保存する。

2　生地を冷凍室から出してラップをはずす。生地の上に型に合わせて切ったオーブンシートを敷いて、重石をのせる（P14参照）。

3　2を180℃に温めたオーブンで15分焼く。オーブンシートごと重石をはずして170℃に下げ、10〜15分焼く（空焼き）。焼き色がついていない場合は、様子を見ながらさらに数分焼く。

◎レアチーズクリームを作る

4　ボウルにクリームチーズを入れ、木べらでやわらかく練る。グラニュー糖を入れて泡立て器ですり混ぜ、ヨーグルトも加えて混ぜる。

5　耐熱容器に生クリームの半量を入れて電子レンジで20〜30秒、様子をみながら加熱する。たっぷりの冷水でふやかしておいたゼラチンの水気を軽く絞って加え、泡立て器で混ぜて溶かす。残りの生クリームも加えて混ぜ合わせる。

6　5を4に加えて混ぜ合わせ、レモン果汁を加えて混ぜる。

◎仕上げる

7　冷ましたタルト生地にレアチーズクリームを流し入れ、冷蔵室で2時間以上冷やし固める。

ドフィノア
Dauphinois

くるみの名産地で知られるフランス・ドフィネ地方のお菓子。ローストしたくるみとキャラメルクリームをタルト生地で包んだ焼き菓子です。形はお好みですが、ここでは持ち歩きもできる食べ切りサイズにしたくて、長方形に焼いて小さくカットしました。

▶ 材料 [20.5×16×高さ3cmのバット1台分]

[タルト生地]
- バター — 75g
- 粉砂糖 — 50g
- 卵 — 15g
- 薄力粉 — 140g
- アーモンドパウダー — 15g
- 塩 — ひとつまみ

[くるみのキャラメルクリーム]
- 水あめ — 50g
- グラニュー糖 — 170g
- 生クリーム — 40g
- 牛乳 — 50g
- はちみつ — 30g
- バター — 20g
- くるみ — 200g

▶ 下準備
- 卵は室温に戻し、ときほぐす。
- バターは室温に戻す。
- くるみは粗みじん切りにする。

▶ 作り方

◎タルト生地を作る

1　基本のさくさく生地(P12)の❶から❹を参照し生地を作り、3/5量Ⓐと2/5量Ⓑに分け、冷蔵室で1時間以上休ませる。

2　基本のさくさく生地(P12〜13)の❺〜❿を参照し生地を作り、冷凍保存する。ただし、Ⓐはバットよりひとまわり大きい長方形にのばしてバットに敷き込み、Ⓑはバットの大きさの長方形にのばす。

◎くるみのキャラメルクリームを作る

3　鍋に水あめとグラニュー糖を入れて火にかけ、焦げ茶色に色づくまで煮詰める。

4　生クリームと牛乳を鍋に入れて沸騰させ、火からおろした3に注いで混ぜ合わせる。

5　4にはちみつとバターを加えて混ぜ、くるみも加えてからませ、ラップを敷いたバットに移して冷ます。

6　5が冷めたら、ラップごと手で形を整えておく(このまま2週間冷蔵保存可能)。

point 固まる前に形を整えておくと、あとでタルト生地の中に入れやすくなる。

◎仕上げる

7　冷凍しておいたⒶのタルト生地に、くるみのキャラメルクリームを入れる[a]。

8　7の上にⒷのタルト生地をかぶせ、型からはみ出している生地を内側に折り返し、上下の生地の縁と縁とを手で押さえながらしっかりと貼り付ける[b]。

9　表面にときほぐした卵黄(分量外)を指で塗り、フォークで空気穴を開け[c]、170℃に温めたオーブンで40分焼く。

point ハケを使うと生地に突き刺さるため、卵黄は指で塗る。空気穴はキャラメルが沸騰して生地から流れ出るのを防ぐため、等間隔に開けておく。

10　半日以上おいてから、好みの大きさに切り分ける。

タルト・モンブラン
Tarte mont blanc

サクッとした生地の上に、しっとりしたアーモンドクリーム、ふわふわのホイップクリーム、濃厚なモンブランクリームを重ねた4層構造の贅沢なモンブランです。専用の口金がなくても大丈夫！粉砂糖の雪を降らせて白い雪山に仕立てましょう。

▶ 材料〔直径7cmのタルトレット型10個分〕

[タルト生地]
バター ― 45g
粉砂糖 ― 30g
卵 ― 10g
薄力粉 ― 85g
アーモンドパウダー ― 10g
塩 ― ひとつまみ

[アーモンドクリーム]
バター ― 40g
グラニュー糖 ― 40g
アーモンドパウダー ― 40g
卵 ― 40g

[モンブランクリーム]
マロンペースト ― 180g
バター ― 120g
ラム酒 ― 大さじ1

[ホイップクリーム]
生クリーム ― 100g
グラニュー糖 ― 10g

▶ 下準備
・卵は室温に戻し、ときほぐす。
・バターは室温に戻す。

▶ 作り方

◎タルト生地を作る

1 基本のさくさく生地(P12)の❶〜❹を参照し生地を作る。

2 1の生地を10等分にして手で丸める。

3 2の生地をラップではさみ、めん棒を転がして型よりやや大きめの丸形にのばす。

4 3のラップをはずして生地を型の真ん中にのせ、型に貼り付けるように敷き込む。これを10個分作る。

5 4をジッパー付き保存袋に入れて冷凍保存する。

◎アーモンドクリームを作る

6 ボウルにバターを入れて泡立て器でクリーム状に練る。

7 6にグラニュー糖を入れてすり混ぜ、アーモンドパウダー、卵の順に加えて混ぜ合わせる。

◎モンブランクリームを作る

8 ボウルにマロンペーストを入れて木べらでやわらかく練る。バターを数回に分けて加え、ハンドミキサーで白っぽくなるまで混ぜ合わせる。ラム酒も加えて混ぜる。

◎ホイップクリームを作る

9 ボウルに生クリームとグラニュー糖を入れ、氷水に当てながら七分立てに泡立てる。

◎仕上げる

10 冷凍しておいたタルト生地にアーモンドクリームを広げ、180℃に温めたオーブンで30分焼く。

11 10の上にホイップクリームを山の形になるように絞り出し[a]、冷凍室で30分ほど冷やし固める。

12 11を覆うようにモンブランクリームを表面全体に塗り[b]、粉砂糖(分量外)をふる。

Biscuits

さくさく生地　41

さくさく生地を使って

ドライフルーツのスマイルクッキー
Biscuits aux fruits secs

生地のさくさく感が楽しめるプレーンなクッキー。そのままでも十分おいしいのですが、ドライフルーツでかわいく表情をつけてみてもGOOD。小さな袋でプレゼントして、スマイルのおすそ分けもしちゃいましょう。

▶ 材料〔直径5㎝の丸型約25枚分〕

[クッキー生地]

バター — 120g

粉砂糖 — 60g

卵 — 25g

薄力粉 — 175g

アーモンドパウダー — 50g

塩 — ひとつまみ

[ドライフルーツ]

レーズン、クランベリー、オレンジなど
　お好みのもの —適量

▶ 下準備

・卵は室温に戻し、ときほぐす。

・バターは室温に戻す。

▶ 作り方

1　ボウルにバターを入れ、泡立て器をグーの手で持ってクリーム状に練る。粉砂糖を加えて混ぜ合わせる。

2　卵を加え、混ぜ合わせる。

3　薄力粉、アーモンドパウダー、塩を加え、ゴムべらで生地を切るようにさっくり混ぜる。生地を手で丸くまとめ、ラップに包んで冷蔵室で1時間以上休ませる。

4　3の生地をジッパー付き保存袋Lサイズ（27.3×26.8㎝）に入れ、めん棒で平らにのばし、冷凍保存する。

5　4の両サイドをはさみでカットして袋を開き、生地を取り出す。丸型で抜き、表面に溶き卵（分量外）を塗って、ドライフルーツを飾る。

point 写真は目にクランベリー、鼻にレーズン、口にオレンジピールを使用。

6　170℃に温めたオーブンで12〜15分焼く。焼き色がついていない場合は、様子を見ながらさらに数分焼く。

Biscuits

さくさく生地 43

さくさく生地を使って

ジンジャークッキー
Biscuits au gingembre

素朴な見た目ながら、アイシングのジンジャー風味がアクセント。友人の結婚式の引き出物や、お店のオープニングで作らせてもらった思い出いっぱいのクッキーです。人生の旅立ちのお祝いにも、もちろん普段のお菓子としても作ってもらえるといいなと思っています。

▶ 材料〔6×3cm、約36枚分〕
［クッキー生地］
バター ― 100g
きび砂糖 ― 125g
卵 ― 20g
牛乳 ― 大さじ1
A｜薄力粉 ― 200g
　｜ベーキングパウダー ― 3g
　｜ジンジャーパウダー ― 3g
［ジンジャー風味のアイシング］
B｜粉砂糖 ― 100g
　｜生姜の絞り汁 ― 10g
　｜水 ― 10g

▶ 下準備
・卵は室温に戻し、ときほぐす。
・バターは室温に戻す。

▶ 作り方
1　ボウルにバターを入れ、泡立て器をグーの手で持ってクリーム状に練る。きび砂糖を加えて混ぜ合わせる。
2　卵と牛乳を加え、混ぜ合わせる。
3　合わせてふるったAを加え、ゴムべらで生地を切るようにさっくり混ぜる。生地を手で丸くまとめ、ラップに包んで冷蔵室で1時間以上休ませる。
4　3の生地をジッパー付き保存袋Lサイズ（27.3×26.8cm）に入れ、めん棒で平らにのばし、冷凍保存する。
5　4の両サイドをはさみでカットして袋を開き、生地を取り出す。好みの大きさにカットし、170℃に温めたオーブンで12〜15分焼く。焼き色がついていない場合は、様子を見ながらさらに数分焼く。
6　Bを混ぜ合わせ、5の表面にハケで薄く塗り、200℃に温めたオーブンで20〜30秒焼く。

Chapitre 2
ほろほろ タルト

空気を含まず、口の中でほろほろと崩れていく食感を楽しめるのが醍醐味です。かむほどに味わいが増し、クリームを広げたあとにトッピングして2度焼きすると香ばしさが引き立ち、食欲をそそります。クッキーは、ジャムやクリームをはさむタイプがおすすめです。

洋梨のタルト (作り方 P.46)

[基本のほろほろ生地]

洋梨のタルト
Tarte aux poires

タルトと聞けば真っ先に思いつくのが洋梨のタルト。缶詰の洋梨のシロップ漬けを使うと手軽ですが、秋から冬の旬の時季にはコンポートを手作りしてみるのもおすすめ。ト口〜りとろけそうな舌触りとおいしさにうっとりします。

▶ 材料〔直径18cmのタルト型1台分〕
［タルト生地］
薄力粉 — 75g
アーモンドパウダー — 15g
粉砂糖 — 20g
塩 — ひとつまみ
バター — 50g
卵 — 20g
［アーモンドクリーム］
バター — 40g
グラニュー糖 — 40g
アーモンドパウダー — 40g
卵 — 40g
［トッピング］
洋梨のコンポート
　　— 半割りを4切れ
　（缶詰でもOK）
［アプリコットナパージュ］
アプリコットジャム — 50g
水 — 小さじ2

▶ 下準備
・生地用のバターは1.5〜2cm角に切り、冷蔵室で冷やす。
・生地用の卵はときほぐし、冷蔵室で冷やす。

point 生地を作っている間にバターが溶けないようにするため、バターと卵を冷やしておく。

・アーモンドクリーム用のバターは室温に戻す。
・アーモンドクリーム用の卵は室温に戻し、ときほぐす。
・洋梨のコンポートの水分をキッチンペーパーでふきとる。

▶ 作り方
◎タルト生地を作る

ボウルに薄力粉、アーモンドパウダー、粉砂糖、塩、バターを入れ、カードで粉類をまぶしながらバターを細かく切る。

両手の指先でバターに粉をまぶしながら手早くすり混ぜ、粉チーズのような状態にする。

ほろほろ生地 47

❷に卵を加え、カードでざっくりと混ぜる。まとまってきたらボウルの縁にカードで生地を数回こすりつけてなめらかにする（サブラージュ）。

point バターを生地全体にゆきわたらせるため。焼くとバターが溶けて生地に浸透し、その部分は空洞になって生地にホロホロ感が出る。

❸の生地を手で丸くまとめ、ラップで包み、冷蔵室で1時間以上休ませる。

台の上に❹の生地をのせ、ラップではさむ。最初は生地が割れないように注意しながらめん棒でトントンと上から軽くたたく。次に生地を90°回転させ、トントンと軽くたたく。これを2〜3回繰り返す。

生地がやや広がったら、90°回転させながら、めん棒を転がして円形にのばしていく。ときどき上にかぶせたラップをはがしながら行なう。

タルト型より3cmくらい大きな円になったら、上のラップがはがれるのを確認して元に戻す。生地を裏返してラップをはずし、生地の端をめん棒にのせ、もう片方のラップをはずして型の真ん中にのせる。

型の底の角に合わせながら生地を中心に向かって折り曲げ、側面に沿うように立てる。それを1周繰り返し、型に合わせて生地を敷き込む。

次ページへつづく→

|基本のほろほろ生地|

洋梨のタルト
Tarte aux poires

型からはみ出した生地はナイフで切り落とし、敷き込んだ生地の薄いところに貼って指でなじませる。

底の生地の表面にフォークで均一に空気穴を開ける。

⑩にラップをかぶせて型の角を指でなぞるように全体をぴったりと覆い、ジッパー付き保存袋に入れて冷凍保存する。

point すぐ焼きたい場合でも、生地を冷凍室で休ませる。そのまま約1か月は保存可。

◎アーモンドクリームを作る

ボウルにバターを入れて泡立て器でクリーム状に練る。

⑫にグラニュー糖を入れてすり混ぜ、アーモンドパウダー、卵の順に加えて混ぜ合わせる。

ほろほろ生地　49

◎焼く

⑭

冷凍しておいたタルト生地にアーモンドクリームを広げ、5mm厚さに切った洋梨を並べる。180℃に温めたオーブンで35〜40分焼く。

〈型のはずし方〉

生地が完全に冷めたら、ジャム瓶など高さのある容器の上にのせ、型を下げてはずす。

〈空焼きする場合〉

りんごのタルト(p60)やデリシャスチョコレートタルト(p72)の場合は、生地だけの状態で空焼きしたタルト台を使います。

生地の大きさよりやや大きめの円形に切ったオーブンシートを三角形に折り、外側から切り込みを入れる。広げて生地の上に敷く。

重石をまんべんなく敷き詰める。

◎仕上げる

⑮

鍋にアプリコットジャムと水を入れて弱火にかけ、ゴムべらで混ぜながらゆるくのばす。熱いうちにタルトの表面にアプリコットナパージュをハケで塗る。

point　アプリコットナパージュは、トッピングしたフルーツの乾燥を防いで日持ちさせる効果がある。

ほろほろ生地 51

アプリコットのタルト
Tarte aux abricots

初夏のフランスのマルシェで山積みにされているアプリコット。これを半分にカットし、ゴロゴロと入れて焼いたタルトがお気に入りです。我が家の近くにも果樹園があり、数週間ですが旬のアプリコットが手に入る時季のお楽しみになっています。

▶ 材料〔直径18cmのタルト型1台分〕

[タルト生地]

薄力粉 — 75g

アーモンドパウダー — 15g

粉砂糖 — 20g

塩 — ひとつまみ

バター — 50g

卵 — 20g

[アーモンドクリーム]

バター — 40g

グラニュー糖 — 40g

アーモンドパウダー — 40g

卵 — 40g

[アプリコットナパージュ]

アプリコットジャム — 50g

水 — 小さじ2

[トッピング]

アプリコットのコンポート — 適量

（生のアプリコットや缶詰でもOK）

▶ 下準備

・生地用のバターは1.5～2cm角に切り、冷蔵室で冷やす。

・生地用の卵はときほぐし、冷蔵室で冷やす。

・アーモンドクリーム用のバターは室温に戻す。

・アーモンドクリーム用の卵は室温に戻し、ときほぐす。

・アプリコットのコンポートの水分をキッチンペーパーでふきとる。

▶ 作り方

◎タルト生地を作る

1　基本のほろほろ生地（P46～48）の❶から⓫を参照し生地を作り、冷凍保存する。

◎アーモンドクリームを作る

2　ボウルにバターを入れて泡立て器でクリーム状に練る。

3　2にグラニュー糖を入れてすり混ぜ、アーモンドパウダー、卵の順に加えて混ぜ合わせる。

◎アプリコットナパージュを作る

4　鍋にアプリコットジャムと水を入れて弱火にかけ、ゴムべらで混ぜながらゆるくのばす。

◎仕上げる

5　冷凍しておいたタルト生地にアーモンドクリームを広げ、半分に切ったアプリコットを並べる。

6　180℃に温めたオーブンで35～40分焼き、熱いうちにタルトの表面にアプリコットナパージュをハケで塗る。

グレープフルーツのタルト
(作り方P.54)

アメリカンチェリーとピスタチオのタルト
(作り方 P.55)

グレープフルーツのタルト
Tarte au pamplemousse

パリのパティスリー「ジェラール・ミュロ」で初めてこのタルトを食べたときは、グレープフルーツを焼くなんて！　とびっくりでした。今では、ほろ苦さと酸味の絶妙なバランスが大好きに。お菓子教室でもファンの多いタルトです。

▶ 材料 〔直径18cmのタルト型1台分〕

［タルト生地］
薄力粉 — 75g
アーモンドパウダー — 15g
粉砂糖 — 20g
塩 — ひとつまみ
バター — 50g
卵 — 20g

［アーモンドクリーム］
バター — 40g
グラニュー糖 — 40g
アーモンドパウダー — 40g
卵 — 40g

［アプリコットナパージュ］
アプリコットジャム — 50g
水 — 小さじ2

［トッピング］
ホワイトグレープフルーツ — 1/2個分
ルビーグレープフルーツ — 1/2個分

▶ 下準備
- 生地用のバターは1.5〜2cm角に切り、冷蔵室で冷やす。
- 生地用の卵はときほぐし、冷蔵室で冷やす。
- アーモンドクリーム用のバターは室温に戻す。
- アーモンドクリーム用の卵は室温に戻し、ときほぐす。
- グレープフルーツの皮と薄皮をむき、水分をキッチンペーパーでふきとる。

▶ 作り方

◎タルト生地を作る

1　基本のほろほろ生地（P46〜48）の❶から⓫を参照し生地を作り、冷凍保存する。

◎アーモンドクリームを作る

2　ボウルにバターを入れて泡立て器でクリーム状に練る。

3　2にグラニュー糖を入れてすり混ぜ、アーモンドパウダー、卵の順に加えて混ぜ合わせる。

◎アプリコットナパージュを作る

4　鍋にアプリコットジャムと水を入れて弱火にかけ、ゴムべらで混ぜながらゆるくのばす。

◎仕上げる

5　冷凍しておいたタルト生地にアーモンドクリームを広げ、皮と内袋を除いて身を取り出しカットしたグレープフルーツを並べる。

6　180℃に温めたオーブンで35〜40分焼き、熱いうちにタルトの表面にアプリコットナパージュをハケで塗る。

ほろほろ生地　55

アメリカンチェリーと
ピスタチオのタルト
Tarte aux cerises américaine et aux pistaches

チェリーとピスタチオは、パリのお菓子学校「ベルエ・コンセイユ」で教えてもらって以来の大好きな組み合わせです。チェリーは、生のままでも缶詰でもOK。多すぎるかな？ と思うくらいたくさん入れて焼きましょう。

▶ 材料〔直径18cmのタルト型1台分〕
[タルト生地]
薄力粉 ― 75g
アーモンドパウダー ― 15g
粉砂糖 ― 20g
塩 ― ひとつまみ
バター ― 50g
卵 ― 20g
[ピスタチオクリーム]
バター ― 35g
ピスタチオペースト ― 15g
グラニュー糖 ― 40g
アーモンドパウダー ― 40g
卵 ― 40g
[アプリコットナパージュ]
アプリコットジャム ― 50g
水 ― 小さじ2
[トッピング]
アメリカンチェリーのコンポート ― 160g
　(生のアメリカンチェリーや缶詰でもOK)

▶ 下準備
・生地用のバターは1.5～2cm角に切り、冷蔵室で冷やす。
・生地用の卵はときほぐし、冷蔵室で冷やす。
・ピスタチオクリーム用のバターは室温に戻す。
・ピスタチオクリーム用の卵は室温に戻し、ときほぐす。
・アメリカンチェリーのコンポートの水分をキッチンペーパーでふきとる。

▶ 作り方
◎タルト生地を作る
1　基本のほろほろ生地（P46～48）の❶から⓫を参照し生地を作り、冷凍保存する。
◎ピスタチオクリームを作る
2　ボウルにバターとピスタチオペーストを入れて泡立て器でクリーム状に練る。
3　2にグラニュー糖を入れてすり混ぜ、アーモンドパウダー、卵の順に加え、混ぜ合わせる。
◎アプリコットナパージュを作る
4　鍋にアプリコットジャムと水を入れて弱火にかけ、ゴムべらで混ぜながらゆるくのばす。
◎仕上げる
5　冷凍しておいたタルト生地にピスタチオクリームを広げ、アメリカンチェリーを並べる。
6　180℃に温めたオーブンで35～40分焼き、熱いうちにタルトの表面にアプリコットナパージュをハケで塗る。

ほろほろ生地 57

キャラメルバナナ・タルト
Tarte aux bananes au caramel

オーブンに入れると、バナナとキャラメルの甘い香りに包まれて、思わずオーブンに顔を近づけてしまいます。キャラメルソースにバナナをトッピングするときは、輪切りをそのまま並べても、少し立ててギュッと押し込んでも◎。

▶ 材料 [20.5×16×高さ3cmのバット1台分]

[タルト生地]

薄力粉 — 75g

アーモンドパウダー — 15g

粉砂糖 — 20g

塩 — ひとつまみ

バター — 50g

卵 — 20g

[アーモンドクリーム]

バター — 40g

グラニュー糖 — 40g

アーモンドパウダー — 40g

卵 — 40g

ラム酒 — 大さじ1

[キャラメルソース]

グラニュー糖 — 30g

水 — 小さじ1

生クリーム — 40g

バター — 20g

[アプリコットナパージュ]

アプリコットジャム — 50g

水 — 小さじ2

[トッピング]

バナナ — 3本

▶ 下準備

• 生地用のバターは1.5～2cm角に切り、冷蔵室で冷やす。

• 生地用の卵はときほぐし、冷蔵室で冷やす。

• アーモンドクリーム用のバターは室温に戻す。

• アーモンドクリーム用の卵は室温に戻し、ときほぐす。

▶ 作り方

◎タルト生地を作る

1　基本のほろほろ生地（P46～48）の❶から⓫を参照し生地を作り、冷凍保存する。ただし、❻❼で生地をバットよりひとまわり大きい長方形にのばす。

◎アーモンドクリームを作る

2　ボウルにバターを入れて泡立て器でクリーム状に練る。

3　2にグラニュー糖を入れてすり混ぜ、アーモンドパウダー、卵、ラム酒の順に加えて混ぜ合わせる。

◎キャラメルソースを作る

4　鍋にグラニュー糖と水を入れて中火にかける。

5　グラニュー糖が溶けて薄く色づいたら、生クリームとバターを加え、弱火にしてかき混ぜる。

◎アプリコットナパージュを作る

6　鍋にアプリコットジャムと水を入れて弱火にかけ、ゴムべらで混ぜながらゆるくのばす。

◎仕上げる

7　冷凍しておいたタルト生地にアーモンドクリームを広げ、表面にキャラメルソースを流し入れ、1cm弱の厚さに切ったバナナを立てて並べる。

8　180℃に温めたオーブンで35～40分焼き、熱いうちにタルトの表面にアプリコットナパージュをハケで塗る。

ほろほろ生地 59

松の実のタルト
Tarte aux pignons

プロヴァンス地方でのみ出会える
のが「松の実」を使ったお菓子。タ
ルトのほかにも「クロワッサン・
オ・ピニョン」という焼き菓子も
よく見かけます。松の実は日本で
も簡単に手に入るので、手軽に作
れるのも魅力です。

▶ 材料 [直径18cmのタルト型1台分]
[タルト生地]
薄力粉 — 75g
アーモンドパウダー — 15g
粉砂糖 — 20g
塩 — ひとつまみ
バター — 50g
卵 — 20g
[アーモンドクリーム]
バター — 40g
グラニュー糖 — 40g
アーモンドパウダー — 40g
卵 — 40g
[アプリコットナパージュ]
アプリコットジャム — 50g
水 — 小さじ2
[トッピング]
松の実 — 100g

▶ 下準備
• 生地用のバターは1.5～2cm角に切り、冷蔵室で冷やす。
• 生地用の卵はときほぐし、冷蔵室で冷やす。
• アーモンドクリーム用のバターは室温に戻す。
• アーモンドクリーム用の卵は室温に戻し、ときほぐす。

▶ 作り方
◎タルト生地を作る
1 　基本のほろほろ生地 (P46～48) の❶から⓫を参照し生地を作り、
冷凍保存する。
◎アーモンドクリームを作る
2 　ボウルにバターを入れて泡立て器でクリーム状に練る。
3 　2にグラニュー糖を入れてすり混ぜ、アーモンドパウダー、卵の順
に加えて混ぜ合わせる。
◎アプリコットナパージュを作る
4 　鍋にアプリコットジャムと水を入れて弱火にかけ、ゴムべらで混
ぜながらゆるくのばす。
◎仕上げる
5 　冷凍しておいたタルト生地にアーモンドクリームを広げ、松の実
を表面全体に散らす。
6 　180℃に温めたオーブンで35～40分焼き、熱いうちにタルトの
表面にアプリコットナパージュをハケで塗る。

りんごのタルト
Tarte aux pommes

フランスでは数え切れないほどのりんごのタルトに出会います。「タルト・ノルマンディー」も「タルト・アルザシエンヌ」もりんごタルトのこと。中でも気に入っているのは、マーマレード風のりんごと薄切りのりんごを組み合わせたもの。おいしさもダブルです!

▶ 材料〔直径18cmのタルト型1台分〕

[タルト生地]
薄力粉 — 75g
アーモンドパウダー — 15g
粉砂糖 — 20g
塩 — ひとつまみ
バター — 50g
卵 — 20g

[りんごのコンポート]
りんご — 2〜3個
グラニュー糖 — 30g
バター — 20g
レモン果汁 — 少々

[トッピング]
りんご — 2個

[アプリコットナパージュ]
アプリコットジャム — 50g
水 — 小さじ2

▶ 下準備
・生地用のバターは1.5〜2cm角に切り、冷蔵室で冷やす。
・生地用の卵はときほぐし、冷蔵室で冷やす。
・アーモンドクリーム用のバターは室温に戻す。
・アーモンドクリーム用の卵は室温に戻し、ときほぐす。

▶ 作り方
◎タルト生地を作る
1　基本のほろほろ生地(P46〜48)の❶から⓫を参照し生地を作り、冷凍保存する。
2　生地を冷凍室から出してラップをはずす。生地の上に型に合わせて切ったオーブンシートを敷いて、重石をのせる(P14参照)。
3　2を180℃に温めたオーブンで15分焼き、オーブンシートごと重石をはずす(空焼き)。
◎りんごのコンポートを作る
4　りんごは8等分のくし形に切って皮をむき、芯を取ってから1.5mm幅の薄切りにする。
5　鍋にりんごのコンポートの材料をすべて入れ、ふたをして中火にかける。途中でふたを取り、水分をとばすように煮詰める。
6　水分がなくなったら、バットなどに移して冷ましておく。
◎飾り用のりんごを切る
7　りんごは8等分のくし形に切り、芯を取ってから2mm幅くらいの薄切りにする。
◎アプリコットナパージュを作る
8　鍋にアプリコットジャムと水を入れて弱火にかけ、ゴムべらで混ぜながらゆるくのばす。
◎仕上げる
9　冷凍しておいたタルト生地にりんごのコンポートを敷き詰め[a]、その上に飾り用のりんごを並べる[b]。
10　りんごの上にちぎったバター適量(分量外)をのせてグラニュー糖適量(分量外)をふりかけ、180℃に温めたオーブンで30分焼く。熱いうちにタルトの表面にアプリコットナパージュをハケで塗る。

a

b

アールグレイ風味のドライフルーツタルト（作り方P.64）

ほろほろ生地　63

赤いジャムのヘーゼルナッツタルト（作り方P.65）

アールグレイ風味の
ドライフルーツタルト
Tarte aux fruits secs au thé Earl Grey

気品を感じるアールグレイ風味のタルトです。ティーバッグの茶葉を使えば、そのまま生地やクリームに混ぜて使えるのでかんたんで便利。ドライフルーツを漬け込んだあとの紅茶もおいしいので、タルトと一緒にお楽しみください。

▶ 材料〔直径7cmのタルトレット型10個分〕

[タルト生地]
薄力粉 — 75g
アーモンドパウダー — 15g
粉砂糖 — 20g
塩 — ひとつまみ
バター — 50g
卵 — 20g

[アールグレイ風味のアーモンドクリーム]
バター — 45g
グラニュー糖 — 45g
アーモンドパウダー — 45g
卵 — 45g
アールグレイのティーバッグ — 1袋

[アールグレイ風味のドライフルーツ]
ドライいちじく — 5個
ドライアプリコット — 5個
アールグレイのティーバッグ — 1袋
熱湯 — 200ml

[アプリコットナパージュ]
アプリコットジャム — 50g
水 — 小さじ2

▶ 下準備
・生地用のバターは1.5～2cm角に切り、冷蔵室で冷やす。
・生地用の卵はときほぐし、冷蔵室で冷やす。
・アーモンドクリーム用のバターは室温に戻す。
・アーモンドクリーム用の卵は室温に戻し、ときほぐす。

▶ 作り方
◎タルト生地を作る

1　基本のほろほろ生地（P46～47）の❶から❹を参照に生地を作る。

2　1の生地を10等分にして手で丸める。

3　2の生地をラップではさみ、めん棒を転がして型よりやや大きめの丸形にのばす。

4　3のラップをはずして生地を型の真ん中にのせ、型に貼り付けるように敷き込む。これを10個分作る。

5　4をジッパー付き保存袋に入れて冷凍保存する。

◎アールグレイ風味のアーモンドクリームを作る

6　ボウルにバターを入れて泡立て器でクリーム状に練る。

7　6にグラニュー糖を入れてすり混ぜ、アーモンドパウダー、卵、茶葉の順に加えて混ぜ合わせる。

◎アールグレイ風味のドライフルーツを作る

8　小鍋にドライフルーツとティーバッグを入れて熱湯を注ぐ。2～3分おいてティーバッグを取り出し、そのまましばらくおく [a]。

point　ドライフルーツを漬け込んでいた紅茶は、フルーツティーとして楽しめる。

◎アプリコットナパージュを作る

9　鍋にアプリコットジャムと水を入れて弱火にかけ、ゴムべらで混ぜながらゆるくのばす。

◎仕上げる

10　冷凍しておいたタルト生地にアールグレイ風味のアーモンドクリームを広げ、水気をきった8のドライフルーツを半分に切ってのせる。

11　180℃に温めたオーブンで30分焼く。熱いうちにタルトの表面にアプリコットナパージュをハケで塗る。

a

赤いジャムの
ヘーゼルナッツタルト

Tarte aux noisettes à la confiture rouge

ウィーン菓子の銘菓のひとつである「タルト・リンツァー」は、フランス・アルザス地方でもよく見かけるお菓子です。オベルネという町の小さなお菓子屋さんで出会ったミニ版がおいしくてかわいくて、タルトレット仕立てにしてみました。

▶ 材料〔直径7cmのタルトレット型10個分〕

[タルト生地]
薄力粉 ― 75g
アーモンドパウダー ― 15g
粉砂糖 ― 20g
塩 ― ひとつまみ
バター ― 50g
卵 ― 20g

[ヘーゼルナッツクリーム]
バター ― 40g
粉砂糖 ― 30g
卵 ― 20g
薄力粉 ― 30g
ヘーゼルナッツパウダー ― 40g

[トッピング]
ラズベリージャム ― 100g

▶ 下準備
- 生地用のバターは1.5～2cm角に切り、冷蔵室で冷やす。
- 生地用の卵はときほぐし、冷蔵室で冷やす。
- ヘーゼルナッツクリーム用のバターは室温に戻す。
- ヘーゼルナッツクリーム用の卵は室温に戻し、ときほぐす。

▶ 作り方
◎タルト生地を作る
1　基本のほろほろ生地（P46～47）の❶から❹を参照し生地を作る。
2　1の生地を10等分にして手で丸める。
3　2の生地をラップではさみ、めん棒を転がして型よりやや大きめの丸形にのばす。
4　3のラップをはずして生地を型の真ん中にのせ、型に貼り付けるように敷き込む。これを10個分作る。
5　4をジッパー付き保存袋に入れて冷凍保存する。
◎ヘーゼルナッツクリームを作る
6　ボウルにバターを入れて泡立て器でクリーム状に練る。
7　6に粉砂糖を加えて白っぽくなるまですり混ぜ、卵も加えてよく混ぜる。
8　7に合わせてふるった薄力粉とヘーゼルナッツパウダーを加え、ゴムべらでさっくりと混ぜ合わせる。
◎仕上げる
9　冷凍しておいたタルト生地にヘーゼルナッツクリームを広げ、表面にラズベリージャムの半量をハケで塗る。お好みで、ラズベリーの実（分量外）や型で抜いたクッキー生地（分量外）を飾る。
10　180℃に温めたオーブンで30分焼き、残りのラズベリージャムを表面に塗る。

ほろほろ生地 67

タルト・オ・マロン

Tarte aux marrons

秋になると必ず「今年のマロンのお菓子はなんですか?」と聞かれるほど、マロンのお菓子は人気者。中でもこのタルト・オ・マロンはリクエストが多く、大きな渋皮煮とたっぷりのラム酒風味のアイシングが人気の秘訣です。

▶ 材料〔直径18cmのタルト型1台分〕

[タルト生地]
薄力粉 — 75g
アーモンドパウダー — 15g
粉砂糖 — 20g
塩 — ひとつまみ
バター — 50g
卵 — 20g

[マロンクリーム]
マロンペースト — 100g
バター — 30g
グラニュー糖 — 25g
アーモンドパウダー — 30g
卵 — 1個

[トッピング]
栗の渋皮煮 — 適量

[ラム酒風味のアイシング]
A┌ 粉砂糖 — 150g
 │ ラム酒 — 10ml
 └ 水 — 10ml

▶ 下準備
・生地用のバターは1.5〜2cm角に切り、冷蔵室で冷やす。
・生地用の卵はときほぐし、冷蔵室で冷やす。
・マロンクリーム用のバターは室温に戻す。
・マロンクリーム用の卵は室温に戻し、ときほぐす。

▶ 作り方

◎タルト生地を作る

1 基本のほろほろ生地(P46〜48)の❶から⓫を参照し生地を作り、冷凍保存する。

◎マロンクリームを作る

2 ボウルにマロンペーストを入れて木べらでやわらかく練り、バターを加えて泡立て器でよく混ぜる。

3 2にグラニュー糖、アーモンドパウダー、卵の順に加えて混ぜ合わせる。

◎仕上げる

4 冷凍しておいたタルト生地にマロンクリームを広げ、栗の渋皮煮を並べる。

5 180℃に温めたオーブンで35〜40分焼く。粗熱が取れたら、混ぜ合わせたAを表面にハケで塗る。

スライスオレンジ・タルト
Tarte á l'orange en tranches

シロップ煮のスライスオレンジを重ねて並べただけなのに、まるで花びらのように華やかに見えるうれしいタルトです。柑橘類特有のほろ苦さがあり、シロップ煮は甘いだけじゃないことを教えてくれます。

▶ 材料 〔直径18cmのタルト型1台分〕

[タルト生地]
薄力粉 ― 75g
アーモンドパウダー ― 15g
粉砂糖 ― 20g
塩 ― ひとつまみ
バター ― 50g
卵 ― 20g

[アーモンドクリーム]
バター ― 40g
グラニュー糖 ― 40g
アーモンドパウダー ― 40g
卵 ― 40g

[オレンジのシロップ煮]
オレンジ ― 2個
グラニュー糖 ― 125g
水 ― 60g

[アプリコットナパージュ]
アプリコットジャム ― 50g
水 ― 小さじ2

▶ 下準備
• 生地用のバターは1.5～2cm角に切り、冷蔵室で冷やす。
• 生地用の卵はときほぐし、冷蔵室で冷やす。
• アーモンドクリーム用のバターは室温に戻す。
• アーモンドクリーム用の卵は室温に戻し、ときほぐす。

▶ 作り方

◎タルト生地を作る

1　基本のほろほろ生地（P46～48）の❶から⓫を参照し生地を作り、冷凍保存する。

◎アーモンドクリームを作る

2　ボウルにバターを入れて泡立て器でクリーム状に練る。

3　2にグラニュー糖を入れてすり混ぜ、アーモンドパウダー、卵の順に加えて混ぜ合わせる。

◎オレンジのシロップ煮を作る

4　オレンジはよく洗い、皮ごと2～3mm厚さに切る。

5　鍋にグラニュー糖と水を入れて火にかけ、沸騰したら4を加えて中火で20分煮る。

6　そのまま冷まし、粗熱が取れたら冷蔵室で半日以上ねかせる。
point　オレンジはシロップに漬けて冷やすことで味がよくしみ込む。

7　飾り用にきれいなものを適量取り分け、水分をキッチンペーパーでふきとる。残りは粗みじんにカットしてアーモンドクリームに混ぜる。

◎アプリコットナパージュを作る

8　鍋にアプリコットジャムと水を入れて弱火にかけ、ゴムべらで混ぜながらゆるくのばす。

◎仕上げる

9　冷凍しておいたタルト生地にアーモンドクリームを広げ、飾り用のオレンジのスライスを並べる。

10　180℃に温めたオーブンで35～40分焼き、熱いうちにタルトの表面に残りのシロップとアプリコットナパージュをハケで塗る。

ほろほろ生地 71

ベリーベリークランブル
Berry Berry Crumble

さくさくした歯ごたえと、ほろほろの食感がおいしいクランブル。どんな焼き菓子に使ってもおいしい万能選手ですが、とくにベリーの酸味とは相性がぴったり！時間があるときに作って冷凍保存しておくと、重宝すること間違いなしです。

▶ 材料〔直径18cmのタルト型1台分〕

［タルト生地］

薄力粉 ― 75g

アーモンドパウダー ― 15g

粉砂糖 ― 20g

塩 ― ひとつまみ

バター ― 50g

卵 ― 20g

［アーモンドクリーム］

バター ― 40g

グラニュー糖 ― 40g

アーモンドパウダー ― 40g

卵 ― 40g

［クランブル］

薄力粉 ― 25g

アーモンドパウダー ― 25g

グラニュー糖 ― 25g

バター ― 25g

［トッピング］

ブルーベリーやラズベリーなど
　　― 100g

▶ 下準備

• 生地用のバターは1.5～2cm角に切り、冷蔵室で冷やす。

• 生地用の卵はときほぐし、冷蔵室で冷やす。

• アーモンドクリーム用のバターは室温に戻す。

• アーモンドクリーム用の卵は室温に戻し、ときほぐす。

▶ 作り方

◎タルト生地を作る

1　基本のほろほろ生地（P46～48）の❶から⓫を参照し生地を作り、冷凍保存する。

◎アーモンドクリームを作る

2　ボウルにバターを入れて泡立て器でクリーム状に練る。

3　2にグラニュー糖を入れてすり混ぜ、アーモンドパウダー、卵の順に加えて混ぜ合わせる。

◎クランブルを作る

4　ボウルにクランブルの材料をすべて入れ、カードで粉類をまぶしながらバターを細かく切る。

5　両手の指先でバターに粉をまぶしながら手早くすり混ぜ、そぼろぐらいの大きさになったら冷蔵室で冷やす（冷凍保存も可）。

◎仕上げる

6　冷凍しておいたタルト生地にアーモンドクリームを広げ、その上にベリー類を敷き詰める。

7　6の上にクランブルを散らし、180℃に温めたオーブンで35～40分焼く。

デリシャスチョコレートタルト
Tarte au chocolat délicieux

ここで登場するビスキュイは「ビスキュイ・ショコラ・サン・ファリーヌ」という、粉が入らないチョコレート風味の生地のこと。ふわふわのビスキュイ＋なめらかなチョコクリーム＋ココアパウダーのタルト生地という組み合わせはチョコレート好きにはたまりません。

▶ 材料〔20.5×16×高さ3cmのバット1台分〕

[ココアのタルト生地]

薄力粉 ― 100g
ココアパウダー ― 5g
粉砂糖 ― 30g
塩 ― ひとつまみ
バター ― 70g
卵黄 ― 1個分

[チョコレートのビスキュイ]

卵白 ― 2個分
グラニュー糖 ― 20g
卵黄 ― 1個分
ビターチョコレート ― 60g
バター ― 15g

[チョコレートクリーム]

チョコレート ― 50g
生クリーム ― 120ml

▶ 下準備
・生地用のバターは1.5〜2cm角に切り、冷蔵室で冷やす。
・生地用の卵黄はときほぐし、冷蔵室で冷やす。

▶ 作り方

◎タルト生地を作る

1　基本のほろほろ生地(P46〜48)のアーモンドパウダーをココアパウダーに替え、❶から⓫を参照し生地を作り、冷凍保存する。ただし、❻❼で生地をバットよりひとまわり大きい長方形にのばす。

2　生地を冷凍室から出してラップをはずす。生地の上に型に合わせて切ったオーブンシートを敷いて、重石をのせる。

3　2を180℃に温めたオーブンで15分焼く。オーブンシートごと重石をはずして170℃に下げ、10〜15分焼く(空焼き)。

◎チョコレートのビスキュイを作る

4　ボウルに卵白とグラニュー糖をひとつまみ入れ、ハンドミキサーで泡立てる。途中グラニュー糖を2回に分けて加えながら泡立て、角がピンと立つ硬めのメレンゲを作る。

5　4に卵黄を加えて混ぜる。

6　別のボウルにチョコレートとバターを入れて湯せんにかけて溶かし、5に加えてゴムべらでボウルの底からすくい上げるようにさっくりと混ぜ合わせる。

7　オーブンペーパーを敷いたバットに流し入れ[a]、180℃に温めたオーブンで8分焼く。

point タルト生地と同じサイズのバットで焼くと、焼き縮みしてタルト生地にぴったりのサイズにできあがる。

◎チョコレートクリームを作る

8　ボウルに細かく刻んだチョコレートを入れる。

9　鍋に生クリームを入れて中火にかけ、沸騰したら8に注ぐ。しばらくそのままおき、チョコレートが少し溶けてきたら泡立て器をグーの手で持ち、中央から静かに混ぜてきれいに溶かす。

◎仕上げる

10　冷ましたタルト生地にチョコレートのビスキュイを敷く。

11　10にチョコレートクリームを流し入れ[b]、スパチュラで表面をきれいにならし、冷蔵室で2時間以上冷やし固める。

Biscuits

ほろほろ生地を使って

リュネット
Lunettes

リュネットとは、フランス語で「めがね」の意味。丸く開いた小さな2つの穴がめがねのように見えるでしょう? フランスの昔ながらのお菓子屋さんには必ずあり、初めて見たときに「なんてフランス的なかわいらしさ!」と感激した思い出のクッキーです。

▶ 材料〔4.5×6cmの長方形型、12組〕

［クッキー生地］
薄力粉 — 135g
ベーキングパウダー — 小さじ1/3
シナモンパウダー — 3g
粉砂糖 — 70g
アーモンドパウダー — 20g
バター — 90g
卵 — 10g
牛乳 — 大さじ1
［トッピング］
ラズベリージャム — 80g

▶ 下準備
・バターは1.5〜2cm角に切り、冷蔵室で冷やす。
・卵はときほぐし、冷蔵室で冷やす。

▶ 作り方
◎クッキー生地を作る
1　ボウルに粉類、バターを入れ、カードで粉類をまぶしながらバターを細かく切る。
2　両手の指先でバターに粉をまぶしながら手早くすり混ぜる。
3　2に卵と牛乳を合わせたものを加えてカードでざっくりと混ぜ、まとまってきたらボウルの縁にカードで生地を数回こすりつける。
4　3の生地を手で丸くまとめ、ラップで包み、冷蔵室で1時間以上休ませる。
5　4の生地をジッパー付き保存袋Lサイズ(27.3×26.8cm)に入れ、めん棒で平らにのばし、冷凍保存する。
6　5の両サイドをはさみでカットして袋を開き、生地を取り出す。
7　長方形の型で24枚抜き、そのうち12枚は、口金などを使って穴を2か所抜く[a]。170℃に温めたオーブンで10〜12分焼く。焼き色がついていない場合は、様子を見ながらさらに数分焼いてから冷ます。
◎仕上げる
8　穴を開けていないほうにラズベリージャムを塗り、穴を開けたほうでサンドする。

ほろほろ生地

シトロンウィッチ
Biscuits Sandwichs à la crème au citron

大好きなレーズンウィッチをお菓子教室のオリジナルにしたくて、何度も試行錯誤して作りました。サンドするレモンクリームは、バタークリームとレモン果汁を合わせますが、レモン果汁が分離しないよう少しずつ加え、ふんわり仕上げるのがポイントです。

▶ 材料〔6×3.5cmの楕円形、15組〕
［クッキー生地］
薄力粉 — 150g
ベーキングパウダー — 小さじ½
粉砂糖 — 75g
塩 — ひとつまみ
バター — 75g
卵黄 — 2個分
［レモンバタークリーム］
バター — 60g
卵白 — 20g
粉砂糖 — 20g
レモン果汁 — 小さじ1
レモンの皮のすりおろし — ¼個分
［トッピング］
レモンピール — 適量

▶ 下準備
・生地用のバターは1.5～2cm角に切り、冷蔵室で冷やす。
・生地用の卵黄はときほぐし、冷蔵室で冷やす。
・レモンバタークリーム用のバターは室温に戻す。

▶ 作り方
◎クッキー生地を作る
1　ボウルに粉類、バターを入れ、カードで粉類をまぶしながらバターを細かく切る。
2　両手の指先でバターに粉をまぶしながら手早くすり混ぜる。
3　2に卵黄を加えてカードでざっくりと混ぜ、まとまってきたらボウルの縁にカードで生地を数回こすりつける。
4　3の生地を手で丸くまとめ、ラップで包み、冷蔵室で1時間以上休ませる。
5　4の生地をジッパー付き保存袋Lサイズ（27.3×26.8cm）に入れ、めん棒で平らにのばし、冷凍保存する。
◎レモンバタークリームを作る
6　ボウルにバターを入れ、泡立て器でクリーム状に練る。
7　別のボウルに卵白を入れる。途中で粉砂糖を3回に分けて加えながらハンドミキサーで泡立て、ピンと角が立つぐらい硬めのメレンゲを作る。
8　6に7を数回に分けて加え、そのつど泡立て器でよく混ぜ合わせる[a]。
9　8にレモン果汁を少しずつ加え、レモンの皮のすりおろしも加えて混ぜ合わせる。
◎仕上げる
10　5の両サイドをはさみでカットして袋を開き、生地を取り出す。
11　楕円の型で30枚抜く。170℃に温めたオーブンで10～12分焼く。焼き色がついていない場合は、様子を見ながらさらに数分焼いてから冷ます。
12　11を2枚1組にし、片方の裏面にレモンバタークリームを絞り出し[b]、レモンピールをのせてもう片方でサンドする。

a

b

Chapitre 3
パリパリ タルト

3つの生地の中でもっとも水分が多く、バターと粉が反発し合うことでパリパリの食感が生まれます。生地に砂糖を使わず、アパレイユと具材を入れて焼けば、食事になるキッシュもあっという間に完成。クラッカーやパイのように生地が層になったクッキーもご紹介します。

タルト・オ・ポム (作り方P.80)

基本のパリパリ生地
タルト・オ・ポム
Tarte aux pommes

パリでの週末の楽しみは、蚤の市。その帰り道の楽しみが近くのパン屋さんのりんごのタルトです。クランブルをのせたのは私のオリジナルですが、パリパリの生地とソテーしたりんごの組み合わせは「これぞパリ！」の味です。

▶ 材料〔直径18cmのタルト型1台分〕

[タルト生地]
薄力粉 ― 100g
グラニュー糖 ― 3g
塩 ― ひとつまみ
バター ― 50g
卵 ― 15g
冷水 ― 15g

[クランブル]
薄力粉 ― 25g
アーモンドパウダー ― 25g
グラニュー糖 ― 25g
バター ― 25g

[りんごのソテー]
りんご ― 2～3個
（皮と芯を取って約350g）
※紅玉など酸味のあるりんごが合う
グラニュー糖 ― 30g
バター ― 15g

▶ 下準備
・タルト生地とクランブル用のバターは、1.5～2cm角に切り冷蔵室で冷やす。
・卵はときほぐし、冷蔵室で冷やす。

▶ 作り方
◎ タルト生地を作る

❶ ボウルに薄力粉、グラニュー糖、塩、バターを入れ、カードで粉類をまぶしながらバターを細かく切る。

❷ 両手の指先でバターに粉類をまぶしながら手早くすり混ぜ、粉チーズのような状態にする。

❸ ❷に卵と冷水を加えてカードでざっくりと混ぜる。

❹ ❸の生地を手で丸くまとめ、ラップで包み、冷蔵室で1時間以上休ませる。

パリパリ生地　81

5

台の上に❹の生地をのせ、ラップではさむ。最初は生地が割れないように注意しながらめん棒でトントンと上から軽くたたく。次に生地を90°回転させ、トントンと軽くたたく。これを2〜3回繰り返す。

6

生地がやや広がったら、90°回転させながら、めん棒を転がして円形にのばしていく。ときどき上にかぶせたラップをはがしながら行なう。

7

タルト型より2cmくらい大きな円になったら、上のラップがはがれるのを確認して元に戻す。生地を裏返してラップをはずし、生地の端をめん棒にのせ、もう片方のラップをはずして型の真ん中にのせる。

point パリパリ生地は、あとで生地を貼り付けてもその部分が層になるため、切り落とした生地は使わない。そのため、ほかの生地より円を小さめにのばし、型からはみ出す部分を少なくする。

8

型の底の角に合わせながら生地を中心に向かって折り曲げ、側面に沿うように立てる。それを1周繰り返し、型に合わせて生地を敷き込む。

9

型からはみ出した生地はナイフで切り落とし、底の生地の表面にフォークで均一に空気穴を開ける。

10

❾にラップをかぶせて型の角を指でなぞるように全体をぴったりと覆い、ジッパー付き保存袋に入れて冷凍保存する。

point すぐ焼きたい場合でも、生地を冷凍室で休ませる。そのまま約1か月は保存可。

次ページへつづく→

基本のパリパリ生地

タルト・オ・ポム
Tarte aux pommes

◎空焼きする

生地を冷凍室から出し、ラップをはずす。生地の上に型に合わせて切ったオーブンシートを敷いて、重石をのせる（P14参照）。

⓫を180℃に温めたオーブンで15分焼き、オーブンシートごと重石をはずす。

point 熱いので軍手をして、やけどに注意しながら行なう。

◎クランブルを作る

ボウルにすべての材料を入れ、カードで粉類をまぶしながらバターを細かく切る。

両手の指先でバターに粉類をまぶしながら手早くすり混ぜ、そぼろぐらいの大きさになったら冷蔵室で冷やす（冷凍保存も可）。

◎りんごのソテーを作る

りんごは8等分のくし形に切って皮をむき、芯を取ってさらにひと口大に切る。

フライパンにグラニュー糖を入れて中火にかけ、茶色く色づいたらバターとりんごを加える。ときどきフライパンをゆすりながらりんごをソテーし、冷ます。

◎仕上げる

タルト生地にソテーしたりんごを敷き詰める。

17の上にクランブルを散らし、180℃に温めたオーブンで30分焼く。

サワーピーチ・タルト (作り方P.86)

パリパリ生地 85

焼きレモンタルト（作り方P.87）

サワーピーチ・タルト
Tarte aux et pêche à la crème aigre

桃が店頭に並び始めると、フルーツ売り場はとってもいい香り。日本の白桃のみずみずしさとやわらかさと甘さは格別です。おいしい桃をさらにおいしく味わっていただきたくて、アーモンドクリームにサワークリームをたっぷりと入れて贅沢に作りました。

▶ 材料〔直径18cmのタルト型1台分〕

［タルト生地］
薄力粉 ― 100g
グラニュー糖 ― 3g
塩 ― ひとつまみ
バター ― 50g
卵 ― 15g
冷水 ― 15g

［サワークリーム入りアーモンドクリーム］
バター ― 40g
グラニュー糖 ― 40g
アーモンドパウダー ― 40g
卵 ― 40g
サワークリーム ― 90g

［トッピング］
桃 ― 2個

▶ 下準備
- 生地用のバターは1.5～2cm角に切り、冷蔵室で冷やす。
- 生地用の卵はときほぐし、冷蔵室で冷やす。
- アーモンドクリーム用のバターは室温に戻す。
- アーモンドクリーム用の卵は室温に戻し、ときほぐす。

▶ 作り方

◎タルト生地を作る

1　基本のパリパリ生地（P80～81）の❶から❿を参照し生地を作り、冷凍保存する。

◎サワークリーム入りアーモンドクリームを作る

2　ボウルにバターを入れて泡立て器でクリーム状に練る。

3　2にグラニュー糖を入れてすり混ぜ、アーモンドパウダー、卵、サワークリームの順に加えて混ぜ合わせる。

◎仕上げる

4　冷凍しておいたタルト生地にサワークリーム入りアーモンドクリームを広げる。

5　180℃に温めたオーブンで35～40分焼く。

6　5が冷めたら、桃を8等分に切って飾る。

焼きレモンタルト
Tarte au citron cuite

大好きなレモンのお菓子を持ち運びできるようにならないかしら？　と考えていたときに見つけたのが、「ボンヌ・ママン」の小さなレモンタルトです。レモンクリームも焼けばいいんだと、作ってみたら大成功！　お菓子教室の新たな顔となりそうです。

▶ 材料〔直径7cmのタルトレット型10個分〕

[タルト生地]
薄力粉 ― 100g
グラニュー糖 ― 3g
塩 ― ひとつまみ
バター ― 50g
卵 ― 15g
冷水 ― 15g

[レモンソース]
卵 ― 2個
グラニュー糖 ― 120g
レモン果汁 ― 大さじ2
レモンの皮のすりおろし ― 1/2個分

[トッピング]
レモン ― 1/2個分

▶ 下準備
- 生地用のバターは1.5～2cm角に切り、冷蔵室で冷やす。
- 生地用の卵はときほぐし、冷蔵室で冷やす。
- レモンソース用の卵は室温に戻し、ときほぐす。
- レモンは薄切りにし、キッチンばさみで皮を取り除く。

▶ 作り方

◎タルト生地を作る

1　基本のパリパリ生地（P80）の❶から❹を参照し生地を作る。
2　1の生地を10等分にして手で丸める。
3　2の生地をラップではさみ、めん棒を転がして型よりやや大きめの丸形にのばす。
4　3のラップをはずして生地を型の真ん中にのせ、型に貼り付けるように敷き込む。これを10個分作る。
5　4をジッパー付き保存袋に入れて冷凍保存する。
6　生地を冷凍室から出してラップをはずす。生地の上に型に合わせて切ったオーブンシートを敷いて、重石をのせる（P82参照）。
7　6を180℃に温めたオーブンで15分焼き、オーブンシートごと重石をはずす（空焼き）。

◎レモンソースを作る

8　ボウルにレモンソースの材料をすべて入れ、泡立て器をグーの手で持ってすり混ぜる。

◎仕上げる

9　空焼きしたタルト生地にレモンソースを流し入れて薄切りにしたレモンをのせ、180℃に温めたオーブンで20分焼く。

フラン
Flan

フランスのおやつ代表のようなフラン。お菓子屋さんよりパン屋さんでよく見かけます。カスタードクリームと同じ作り方のフラン生地ですが、バニラビーンズを使わないことと、卵黄ではなく全卵を使うところもパン屋さんのお菓子らしいところです。

▶ 材料 [直径18cmのタルト型1台分]

[タルト生地]
薄力粉 — 100g
グラニュー糖 — 3g
塩 — ひとつまみ
バター — 50g
卵 — 15g
冷水 — 15g

[フラン生地]
牛乳 — 320g
グラニュー糖 — 40g
卵 — 1個
強力粉 — 20g

▶ 下準備
- タルト生地用のバターは1.5～2cm角に切り、冷蔵室で冷やす。
- タルト生地用の卵はときほぐし、冷蔵室で冷やす。
- フラン生地用の卵は室温に戻し、ときほぐす。

▶ 作り方

◎タルト生地を作る

1　基本のパリパリ生地（P80～81）の❶から❿を参照し生地を作り、冷凍保存する。

◎フラン生地を作る

2　鍋に牛乳と、グラニュー糖の1/3量を入れて火にかけ、ふつふつと沸いてきたら火からおろす。

3　ボウルに卵と残りのグラニュー糖を入れて泡立て器ですり混ぜ、強力粉も加えて混ぜ合わせる。

4　2を混ぜながら3に加え、網でこしながら2の鍋に戻す[a]。

5　4を泡立て器で混ぜながら中火にかける。大きなダマができてきたらいったん火からおろし、ゴムべらで鍋底の隅までしっかりと混ぜる。再び中火にかけて絶えず混ぜる。表面がブクブクと泡立ってからさらに2～3分しっかりと混ぜ続ける[b]。

◎仕上げる

6　冷凍しておいたタルト生地にフラン生地を流し入れ、冷蔵室で1～2時間冷やす。170℃に温めたオーブンで40分、160℃に下げて20分焼く。

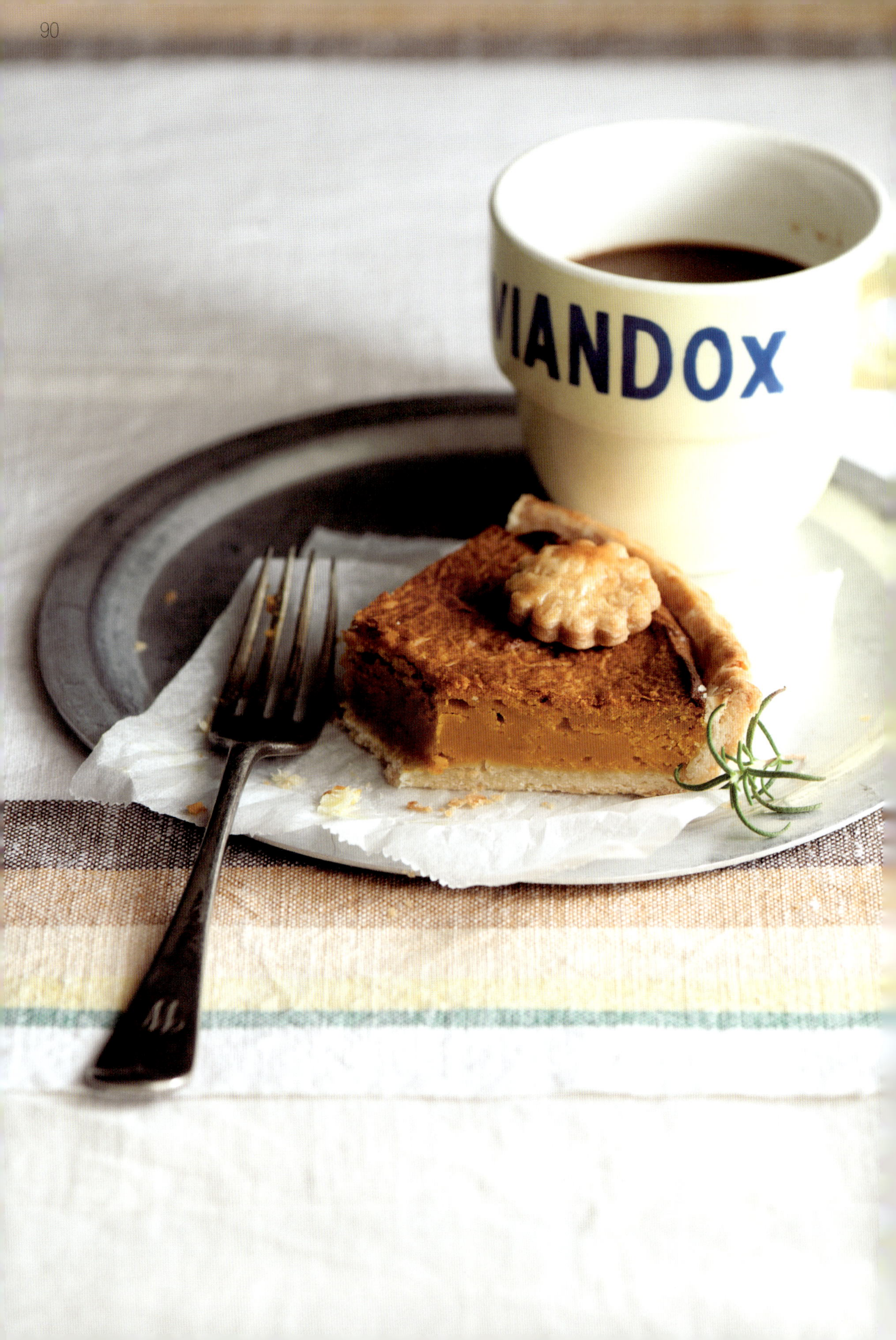
VIANDOX

パンプキン・タルト
Tarte à la citrouille

かぼちゃのねっとりとした甘さに何かプラスしたくて、ベランダのローズマリーを組み合わせてみたら、これが大正解！「こんなにいっぱい？」と思うくらいのフィリングを詰めて、最後に蒸し焼きにすることで、パンプキンプリンのようなタルトになりました。

▶ 材料〔直径18cmのタルト型1台分〕

[タルト生地]

薄力粉 — 100g

グラニュー糖 — 3g

塩 — ひとつまみ

バター — 50g

卵 — 15g

冷水 — 15g

[かぼちゃのフィリング]

かぼちゃ（皮と種を取った正味）— 300g

ローズマリー — 1本

バター — 15g

グラニュー糖 — 60g

卵 — 1個

生クリーム — 40g

▶ 下準備

・生地用のバターは1.5〜2cm角に切り、冷蔵室で冷やす。

・生地用の卵はときほぐし、冷蔵室で冷やす。

・フィリング用の卵は室温に戻し、ときほぐす。

▶ 作り方

◎タルト生地を作る

1　基本のパリパリ生地（P80〜81）の❶から❿を参照し生地を作り、冷凍保存する。

◎かぼちゃのフィリングを作る

2　かぼちゃはひと口大に切り、ローズマリーと一緒に耐熱容器に入れ、電子レンジで約5分加熱してやわらかくする（または蒸す）。

3　ローズマリーを取り出し、かぼちゃをボウルに入れて木べらでつぶす。熱いうちにバターを加えて泡立て器で混ぜ溶かし、グラニュー糖も加えて混ぜ合わせる。

point よりなめらかに仕上げたいときは裏ごしするか、フードプロセッサーを使うとよい。

4　3に卵と生クリームを加えて混ぜ合わせる。

◎仕上げる

5　冷凍しておいたタルト生地にかぼちゃのフィリングを入れ、180℃に温めたオーブンで40分焼く。そのあとアルミホイルで全体を覆い、160℃のオーブンで20分焼く。

ミルリトン
Mirlitons

ミルリトンはノルマンディー地方のルーアンとアミアンで生まれた郷土菓子。どちらもフルーツとソースを入れた上に粉砂糖を2度たっぷりふってからオーブンで焼くので、さくさくした軽い食感が特徴のタルトレットサイズのお菓子です。

▶ 材料〔直径7㎝のタルトレット型10個分〕

[タルト生地]
薄力粉 ― 100g
グラニュー糖 ― 3g
塩 ― ひとつまみ
バター ― 50g
卵 ― 15g
冷水 ― 15g

[ミルリトンのアパレイユ]
卵 ― 80g
A ┃ アーモンドパウダー ― 60g
　┃ 粉砂糖 ― 60g
バター ― 40g

[フィリング]
ラム酒漬けフルーツ
　（ドライアプリコットやオレンジピールなど）
　― 200g
※ラム酒に漬ける果物はお好みで。
ドライフルーツを使う場合は
粗みじんにカットすると味がしみ込みやすい。

▶ 下準備
・生地用のバターは1.5～2㎝角に切り、冷蔵室で冷やす。
・生地用の卵はときほぐし、冷蔵室で冷やす。

▶ 作り方

◎タルト生地を作る

1　基本のパリパリ生地（P80）の❶から❹を参照し生地を作る。

2　1の生地を10等分にして手で丸める。

3　2の生地をラップではさみ、めん棒を転がして型よりやや大きめの丸形にのばす。

4　3のラップをはずして生地を型の真ん中にのせ、型に貼り付けるように敷き込む。これを10個分作る。

5　4をジッパー付き保存袋に入れて冷凍保存する。

◎ミルリトンのアパレイユを作る

6　ボウルに卵を入れて泡立て器で軽くほぐし、合わせてふるったAを加えて混ぜ合わせる。

7　6に溶かしたバターを加えて混ぜ合わせる。

◎仕上げる

8　冷凍しておいたタルト生地にラム酒漬けフルーツを並べ、その上からアパレイユを流し入れる [a]。

9　8の上に粉砂糖適量（分量外）をふりかけ、溶けたらもう一度粉砂糖をふりかける。170℃に温めたオーブンで35～40分焼く。

point　粉砂糖を2度ふることで、ミルリトンらしいひび割れができる。

a

プラムのタルト (作り方 P.96)

パリパリ生地 95

タルト・タタン（作り方 P.97）

プラムのタルト
Tarte aux prunes

夏のお楽しみといえば、ちょっとずつ時季をずらして登場するプラム類。ネクタリン、ソルダム、サマーエンジェル……、どれも生のままタルト生地で包んでオーブンに入れるだけ。ここではタルト型を使わず、ラフに包んで焼き上げました。

▶ 材料〔仕上がりの直径約18cm 1枚〕
[タルト生地]
A ｜ 薄力粉 ― 75g
　｜ 強力粉 ― 25g
　｜ バター ― 75g
　｜ 塩 ― ひとつまみ
　｜ グラニュー糖 ― 1g
冷水 ― 40g
[プラムのフィリング]
プラム（ソルダムやサマーエンジェルなどお好みのプラム）― 4個（約400g）
グラニュー糖 ― 100g
コーンスターチ ― 40g

▶ 下準備
・バターは1.5～2cm角に切り、冷蔵室で冷やす。

▶ 作り方
◎タルト生地を作る
1　ボウルにAを入れ、粉類をまぶしながらカードでバターを細かく切る。
2　両手の指先でバターに粉類をまぶしながら手早くすり混ぜ、粉チーズのような状態にする。
3　2に冷水を加えてカードで混ぜてから手で丸くまとめ、ラップに包んで冷蔵室で3時間以上休ませる。
4　台の上に3の生地をのせ、ラップではさむ。最初は生地が割れないように注意しながらめん棒でトントンと上から2～3回軽くたたく。次にめん棒を転がし、長さと幅が3対1の長方形になるようのばす。ときどき上にかぶせたラップをはがしながら行なう。
5　4を手前からと向こう側から折って三つ折りにする。
6　生地を90°回転させ、長さと幅が3対1の長方形になるようにのばして三つ折りにし、冷蔵室で1時間以上休ませる。
7　5と6の作業を繰り返し、ラップで包み、冷蔵室で1時間以上休ませる。
point 三つ折りを繰り返すことで生地に層ができ、パリパリ感が増す。
8　7の生地をめん棒で3mmくらいの厚さの円形にのばす。ラップをかぶせて全体をぴったりと覆い、ジッパー付き保存袋に入れて冷凍保存する。
◎プラムのフィリングを作る
9　プラムを皮付きのまま半分にカットし、種を取り除く。
10　ボウルにプラムを入れてグラニュー糖をふりかけ、コーンスターチをまぶす。
◎仕上げる
11　冷凍しておいたタルト生地をオーブンシートを敷いた天板の上にのせ、生地の中央にプラムをおき、プラムを包み込むようにして生地の端を内側に折る[a]。
12　200℃に温めたオーブンで40～45分焼く。

a

タルト・タタン
Tarte Tatin

タタン姉妹の失敗から生まれたお話で有名なりんごのタルトです。今でもホテル・タタンで作られていて、電車を乗り継いで食べに行ったときの感動は忘れられません。そして、大きな大きなホールを両手で抱えてパリに持ち帰ったこともいい思い出です。

▶ 材料〔20.8×14.5×高さ4.4cmのバット1台分〕

[タルト生地]
薄力粉 ― 100g
グラニュー糖 ― 3g
塩 ― ひとつまみ
バター ― 50g
卵 ― 15g
冷水 ― 15g

[りんごのフィリング]
りんご ― 4〜5個
（皮と芯を取って約600g）
グラニュー糖 ― 50g
バター ― 25g

▶ 下準備
- 生地用のバターは1.5〜2cm角に切り、冷蔵室で冷やす。
- 卵はときほぐし、冷蔵室で冷やす。

▶ 作り方
◎タルト生地を作る

1　基本のパリパリ生地（P80）の❶から❹を参照し生地を作る。

2　台の上に1の生地をのせ、ラップではさむ。最初は生地が割れないように注意しながらめん棒でトントンと上から2〜3回軽くたたく。次にめん棒を転がし、バットよりひと回り大きな長方形になるようにのばす。ときどき上にかぶせたラップをはがしながら行なう。

3　ラップをかぶせて全体をぴったりと覆い、ジッパー付き保存袋に入れて2時間以上冷凍保存する。

◎りんごのフィリングを作る

4　りんごは縦に4等分（大きければ6等分）に切り、皮をむいて芯を取り除く。

5　グラニュー糖をフライパンに入れて中火にかける。グラニュー糖が溶けて周りが焦げ茶色に色づいてきたら、火からおろしてバターを加えて溶かし、4のりんごを加えてからめる（キャラメリゼ）。

◎仕上げる

6　バットの内側にバター（分量外）をたっぷりと塗り、その上にグラニュー糖適量（分量外）を入れ、全体にまぶす。

7　6の型にりんごのフィリングを敷き詰め、200℃に温めたオーブンで30分焼く。

8　7をオーブンから取り出して少し冷まし、アルミ箔をかぶせた上からりんごを押し付け、表面を平らにならす[a]。

9　8の上に冷凍しておいたタルト生地をかぶせ、生地の端を型の内側に折り込む[b]。生地の表面にフォークで均一に空気穴を開け、180℃のオーブンで20分焼く。

パリパリ生地 99

ラムレーズンのベイクドチーズタルト
Tarte au fromage aux rhum-raisins

ドイツ菓子「ケーゼクーヘン」が
ときどき食べたくなります。ドイ
ツ語でケーゼはチーズ、クーヘン
は焼き菓子という意味。どっしり
とした味わいのベイクドチーズに
は、ラムレーズンが合うに違いな
い! と作ってみたら、イメージ
通りの味に仕上がりました。

▶ 材料［直径18cmのタルト型1台分］
［タルト生地］
薄力粉 — 100g
グラニュー糖 — 3g
塩 — ひとつまみ
バター — 50g
卵 — 15g
冷水 — 15g
［クリームチーズのフィリング］
クリームチーズ — 200g
グラニュー糖 — 30g
卵黄 — 2個分
ヨーグルト — 75g
卵白 — 2個分
グラニュー糖 — 10g
ラムレーズン — 100g

▶ 下準備
・生地用のバターは1.5〜2cm角に切り、冷蔵室で冷やす。
・生地用の卵はときほぐし、冷蔵室で冷やす。
・フィリング用の卵は室温に戻し、卵黄と卵白に分けておく。

▶ 作り方
◎タルト生地を作る
1　基本のパリパリ生地（P80〜81）の❶から❿を参照し生地を作り、
冷凍保存する。
◎クリームチーズのフィリングを作る
2　ボウルにクリームチーズを入れ、木べらでやわらかく練る。
3　2にグラニュー糖（30g）、卵黄、ヨーグルトの順に加え、泡立て器
ですり混ぜる。
4　別のボウルに卵白を入れ、ハンドミキサーで泡立てる。途中でグ
ラニュー糖（10g）を加えながら泡立て、やわらかめのメレンゲを作る。
point　角がピンと立つ硬めのメレンゲだとクリームチーズと混ざりにくいため、や
わらかく仕上げる。
5　3に4を加え、ゴムべらでボウルの底からすくい上げるようにさ
っくりと混ぜ合わせ、ラムレーズンを加える。
◎仕上げる
6　冷凍しておいたタルト生地にクリームチーズのフィリングを流し
入れる。
7　180℃に温めたオーブンで35〜40分焼く。

キッシュ・ロレーヌ
Quiche Lorraine

タルト・サレ（塩味のタルト）と呼ばれるキッシュは、フランスのお惣菜屋さん、パン屋さん、マルシェなど、いたるところで売られています。中でもベーコンとグリュイエールチーズのキッシュ・ロレーヌは定番中の定番。ロレーヌ地方の郷土料理です。

▶ 材料〔直径18cmのタルト型1台分〕

[タルト生地]
薄力粉 — 100g
塩 — ひとつまみ
バター — 50g
卵 — 25g
冷水 — 10g

[アパレイユ]
卵 — 2個
生クリーム — 120g
塩、こしょう — 各適量

[具材]
ベーコン — 100g
グリュイエールチーズもしくは
　エメンタールチーズ — 50g

▶ 下準備
・バターは1.5～2cm角に切り、冷蔵室で冷やす。
・生地用の卵はときほぐし、冷蔵室で冷やす。
・ベーコンは5mm幅に切る。
・チーズは5mm角の2cm長さに切る。

▶ 作り方
◎タルト生地を作る
1　基本のパリパリ生地（P80～81）の❶から❿を参照し生地を作り、冷凍保存する。
2　生地を冷凍室から出してラップをはずす。生地の上に型に合わせて切ったオーブンシートを敷いて、重石をのせる（P82参照）。
3　2を180℃に温めたオーブンで15分焼き、オーブンシートごと重石をはずす（空焼き）。
◎アパレイユを作る
4　ボウルに卵を入れてフォークなどで割りほぐす。生クリームを加えて混ぜ、塩、こしょうも加える。
◎仕上げる
5　冷ましたタルト生地にベーコンとチーズを並べる[a]。
6　上からアパレイユを流し入れ、180℃に温めたオーブンで30分焼く。

a

アボカドとサーモンのキッシュ
Quiche à l'avocat et au saumon

サーモンとアボカドの組み合わせが大好きで、キッシュにしてみました。上にサワークリームをのせたまま焼くのがお気に入りです。サーモンは乾燥しないようにアパレイユの中に閉じ込めて焼くのがおいしさのポイントです。

▶ 材料〔直径18cmのタルト型1台分〕
[タルト生地]
薄力粉 — 100g
塩 — ひとつまみ
バター — 50g
卵 — 25g
冷水 — 10g
[アパレイユ]
卵 — 2個
生クリーム — 120g
塩、こしょう — 各適量
[具材]
アボカド — 適量
スモークサーモン — 適量
サワークリーム — 適量
フェンネル — 少々

▶ 下準備
・バターは1.5〜2cm角に切り、冷蔵室で冷やす。
・生地用の卵はときほぐし、冷蔵室で冷やす。
・アボガドは半分に切り目を入れて種を取って皮をむき、好みの厚さに切る。

▶ 作り方
◎タルト生地を作る
1　基本のパリパリ生地（P80〜81）の❶から❿を参照し生地を作り、冷凍保存する。
2　生地を冷凍室から出してラップをはずす。生地の上に型に合わせて切ったオーブンシートを敷いて、重石をのせる（P82参照）。
3　2を180℃に温めたオーブンで15分焼き、オーブンシートごと重石をはずす（空焼き）。
◎アパレイユを作る
4　ボウルに卵を入れてフォークなどで割りほぐす。生クリームを加えて混ぜ、塩、こしょうも加える。
◎仕上げる
5　冷ましたタルト生地にアボカドとスモークサーモンを並べ、真ん中にサワークリームをのせてフェンネルを散らす[a]。
6　上からアパレイユを流し入れ、180℃に温めたオーブンで30分焼く。

a

プロヴァンス風キッシュ(作り方P.106)

パリパリ生地 105

グリーン野菜のキッシュ（作り方P.107）

プロヴァンス風キッシュ
Quiche provençale

南仏のマルシェに並んだ真っ赤なトマトやフレッシュなハーブ類を思い出しながら、プロヴァンス風キッシュを焼いてみました。アンチョビやツナを入れてもいいですね。お天気のいい日のピクニックのおともにぴったりです。

▶ 材料〔20.8×14.5×高さ4.4cmのバット1台分〕

[タルト生地]
薄力粉 — 100g
塩 — ひとつまみ
バター — 50g
卵 — 25g
冷水 — 10g

[アパレイユ]
卵 — 2個
生クリーム — 120g
塩、こしょう — 各適量

[具材]
パプリカ — 適量
ミニトマト — 適量
ブラックオリーブ(種抜き・輪切り) — 適量
ローズマリー — 1本
グリュイエールチーズ — 適量

▶ 下準備
- バターは1.5～2cm角に切り、冷蔵室で冷やす。
- 生地用の卵はときほぐし、冷蔵室で冷やす。
- パプリカは縦半分に切って種を出し、グリルで焦げるくらいに焼いて薄皮をむき、縦に2～3等分に切る。
- ミニトマトは半分に切る。
- グリュイエールチーズは5mm角に切る。
- バットの内側にバターを薄く塗り、底面にオーブンシートを敷く。

▶ 作り方

◎タルト生地を作る

1　基本のパリパリ生地(P80～81)の❶から❿を参照し生地を作り、冷凍保存する。ただし、❻❼で生地をバットよりひとまわり大きい長方形にのばす。

2　生地を冷凍室から出してラップをはずす。生地の上に型に合わせて切ったオーブンシートを敷いて、重石をのせる(p82参照)。

3　2を180℃に温めたオーブンで15分焼き、オーブンシートごと重石をはずす(空焼き)。

◎アパレイユを作る

4　ボウルに卵を入れてフォークなどで割りほぐす。生クリームを加えて混ぜ、塩、こしょうも加える。

◎仕上げる

5　冷ましたタルト生地に具材を並べ[a]、上からアパレイユを流し入れ、180℃に温めたオーブンで30分焼く。

a

グリーン野菜のキッシュ
Quiche de légumes verts

パリのリュクサンブール公園のすぐ近くにあるキッシュ&タルトの人気店でいつも頼むのは、たっぷりのサラダが添えられた野菜のキッシュ。じっくり炒めた玉ねぎのやさしい味にホッとして、大きなカットでもペロリといただけるお気に入りの一品です。

▶ 材料〔20.8×14.5×高さ4.4cmのバット1台分〕

[タルト生地]
薄力粉 — 100g
塩 — ひとつまみ
バター — 50g
卵 — 25g
冷水 — 10g

[アパレイユ]
卵 — 2個
生クリーム — 120g
塩、こしょう — 各適量

[具材]
炒め玉ねぎ — 適量
グリーンアスパラ — 適量
スナップエンドウ — 適量
カッテージチーズ — 適量
イタリアンパセリ — 少々

▶ 下準備
- バターは1.5〜2cm角に切り、冷蔵室で冷やす。
- 生地用の卵はときほぐし、冷蔵室で冷やす。
- グリーンアスパラは固いところをピーラーでむき、長さを3等分に切る。
- スナップエンドウは半分に切る。
- バットの内側にバターを薄く塗り、底面にオーブンシートを敷く。

▶ 作り方

◎タルト生地を作る

1 基本のパリパリ生地(P80〜81)の❶から❿を参照し生地を作り、冷凍保存する。ただし、❻❼で生地をバットよりひとまわり大きい長方形にのばす。

2 生地を冷凍室から出してラップをはずす。生地の上に型に合わせて切ったオーブンシートを敷いて、重石をのせる(P82参照)。

3 2を180℃に温めたオーブンで15分焼き、オーブンシートごと重石をはずす(空焼き)。

◎アパレイユを作る

4 ボウルに卵を入れてフォークなどで割りほぐす。生クリームを加えて混ぜ、塩、こしょうも加える。

◎仕上げる

5 冷ましたタルト生地に具材を並べ[a]、上からアパレイユを流し入れ、180℃に温めたオーブンで30分焼く。

a

Biscuits

パリパリ生地 109

パリパリ生地を使って

パルミジャーノとごまのクラッカー
Crackers au parmesan et au sisame

フランスでは食事前にお酒を楽しむ「アペロ」という習慣があります。以前、フランス人のマダムが作ってくれたプティフール・サレがとびっきりおいしくて、教えてもらったのがこのレシピ。粉と同じ量のパルミジャーノを混ぜているのがおいしさの秘密です。

▶ 材料〔2×10cmのスティック型、約30本分〕
［クラッカー生地］
薄力粉 ― 70g
バター ― 70g
パルミジャーノのすりおろし ― 70g
卵 ― 1/2個
［トッピング］
とき卵 ― 適量
ごま ― 適量

▶ 下準備
・バターは1.5～2cm角に切り、冷蔵室で冷やす。
・生地用の卵はときほぐし、冷蔵室で冷やす。

▶ 作り方
◎クラッカー生地を作る

1　ボウルに薄力粉とバターを入れ、カードで粉をまぶしながらバターを細かく切る。

2　両手の指先でバターに粉をまぶしながら手早くすり混ぜ、粉チーズのような状態にする。

3　パルミジャーノを加え、カードで底からすくい上げるように混ぜる。

4　3に卵を加えてカードで切るように混ぜる。手で丸くまとめ、ラップで包んで冷蔵室で1時間以上休ませる。

5　4の生地をラップではさんでめん棒で平らにのばし、冷凍保存する。

point 焼いてからカットするため、天板にのる大きさにのばす。

◎仕上げる

6　冷凍しておいた生地の表面にとき卵を薄く塗ってごまを散らし、150℃に温めたオーブンで30分焼く。冷めたら好みの大きさにカットする。

Biscuits

パリパリ生地を使って

シナモンシュガークッキー
Biscuits à la cannelle et au sucre

シナモンがきいているハート型のパイ菓子・パルミエは、クッキーの詰め合わせ缶に入っていたら一番先に全部食べちゃうくらい大好き。それを簡単にアレンジしてみました。グラニュー糖もシナモンも多すぎるかなと心配になるくらいたっぷりとふってみて！

▶ 材料〔約30枚分〕

［クッキー生地］

A
- 薄力粉 ― 150g
- 強力粉 ― 50g
- シナモン ― 小さじ¼
- グラニュー糖 ― 小さじ½
- 塩 ― 小さじ¼
- バター ― 150g

冷水 ― 80g

グラニュー糖 ― 適量
シナモンパウダー ― 適量

▶ 下準備
- バターは1.5〜2cm角に切り、冷蔵室で冷やす。

▶ 作り方

◎クッキー生地を作る

1　プラムのタルト(P96)の❶〜❼を参照し生地を作る。

2　1の生地をめん棒で3mmくらいの厚さにのばし、グラニュー糖とシナモンパウダーを全体にふりかけ、端からくるくると巻く[a]。

3　2の生地をラップで包み、冷凍保存する。

◎仕上げる

4　冷凍しておいた生地の表面に指で水(分量外)を薄く塗り、グラニュー糖(分量外)を入れたバットの中で転がして表面にグラニュー糖をまぶす。

5　4の生地を厚さ8mmくらいにカットし、200℃に温めたオーブンで12〜15分焼く。

a

西山朗子
Akiko Nishiyama

お菓子研究家。「Le Petit Citron ル・プティ・シトロンお菓子教室」主宰。料理・菓子研究家の藤野真紀子氏に師事した後、パリ「ベルエ・コンセイユ」で本場のフランス菓子について学び、「ピエール・エルメ」で研修。2000年より東京・二子玉川でお菓子教室をスタート。「ちょっとのお菓子でちょっぴりしあわせ」をモットーに、フランス地方菓子のエスプリを取り入れたかんたんでおいしいレシピで大人気の教室に。著書に『生地を冷凍しておけるかんたん焼き菓子レシピ』（小社）、『「持ち歩きOK」のお菓子レシピ』（主婦の友社）など。

写真／砂原 文
スタイリング／曲田有子
デザイン／塙 美奈(ME & MIRACO)
取材・文／小宮千寿子
校正／西進社、鷗来堂
道具協力／富士ホーロー株式会社(タルト型)

生地を冷凍しておけるタルト
生地を保存できて 食べたいときに焼ける かんたん＆おいしい45レシピ

2017年10月25日　初版第1刷発行

著者　　西山朗子
発行者　滝口直樹
発行所　株式会社マイナビ出版
　　　　〒101-0003　東京都千代田区一ツ橋2-6-3　一ツ橋ビル2F
　　　　☎0480-38-6872（注文専用ダイヤル）　☎03-3556-2731（販売部）　☎03-3556-2735（編集部）
　　　　http://book.mynavi.jp
印刷・製本　シナノ印刷株式会社

○定価はカバーに記載してあります。
○落丁本、乱丁本はお取り替えいたします。お問い合わせは☎0480-38-6872（注文専用ダイヤル）、
　または電子メール：sas@mynavi.jpまでお願いいたします。
○内容に関するご質問は、マイナビ出版編集第2部まで往復はがき、封書にてお問い合わせください。
○本書は著作権法上の保護を受けています。本書の一部あるいは全部について、
　著者、発行者の許諾を得ずに無断で複写、複製（コピー）することは禁じられています。

ISBN 978-4-8399-6407-8
©2017 Akiko Nishiyama ©2017 Mynavi Publishing Corporation
Printed in Japan